JN076133

景観人類学入門

目次

装丁　オーバードライブ・前田幸江

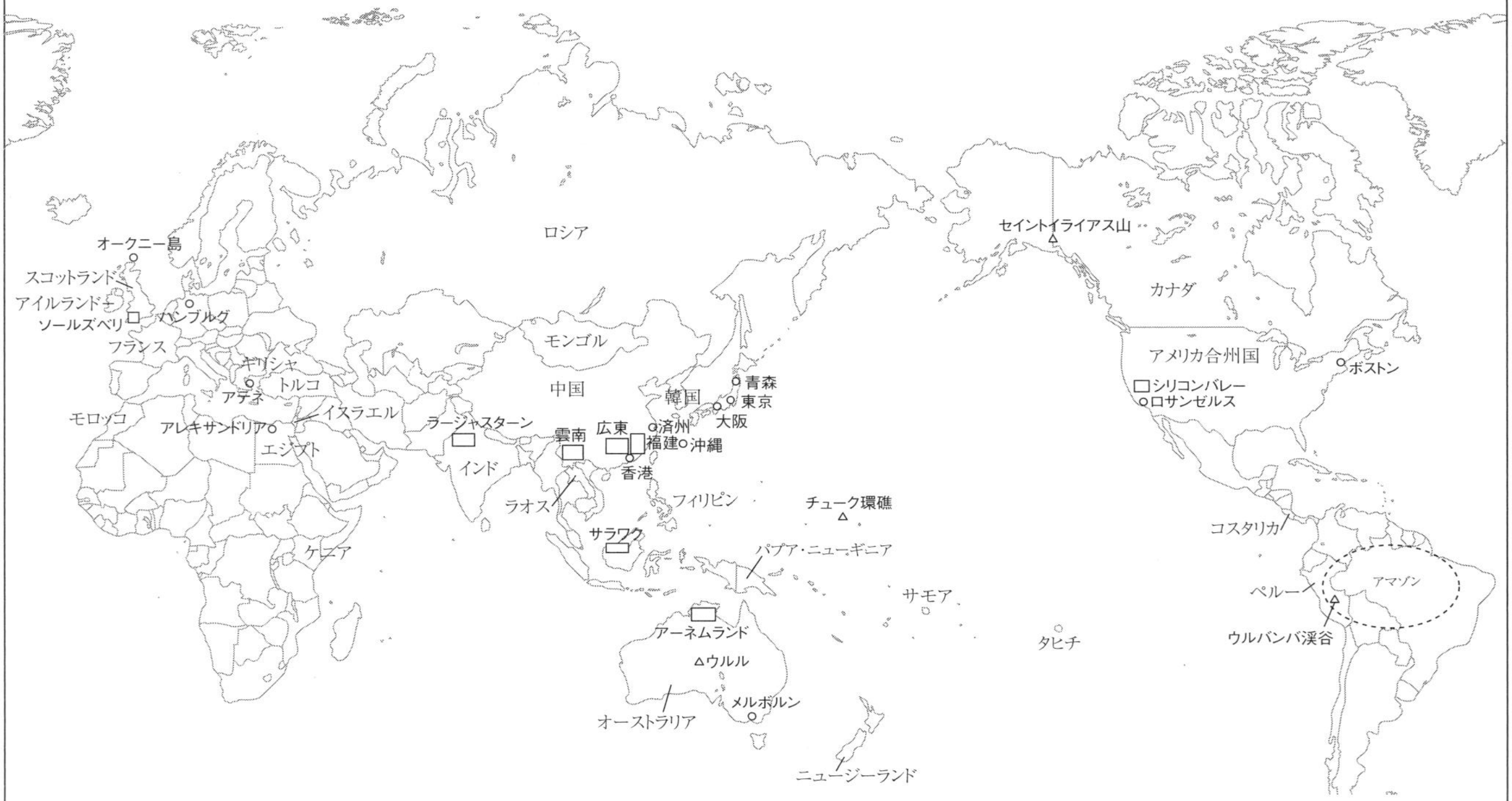

本書で登場する地名　＊都市名は○、地区名は□、自然環境の名称は△で表している

はじめに

社会・文化人類学（以下、人類学）の研究史において、景観は正面から扱われるトピックではなかった。人類学では、親族、宗教、経済、政治、開発、観光、医療などさまざまなトピックが議論の対象としてとりあげられてきたが、そこに景観が名を連ねるようになったのは、ここ二〇〜三〇年にすぎない。それまで景観というと、地理学、建築学、都市工学など、他分野がとりくむ研究対象であると思われることが少なくなかった。

景観人類学（the anthropology of landscape）が人類学の下位分野として登場したのは、一九九〇年代である。一九九五年にエリック・ハーシュ（Eric Hirsch）とマイケル・オハンロン（Michael O'Hanlon）の編集で『景観人類学』と題する英語論文集*が刊行されたあたりから、英語圏で景観人類学の著作や論文が次々と世に出されるようになった。日本でも二一世紀に入ると景観人類学という分野が現れ、ここ一〇年のうちに景観人類学の視点や方法論を援用する研究が増えた。**今では大学の講義や卒業論文でしばしば扱われる分野ともなっている。

特筆に値するのは、景観人類学の目的が、単に景観という対象を扱うにとどまらな

* Hirsch and O'Hanlon eds. *The Anthropology of Landscape* (1995) を参照。ハーシュは景観人類学や歴史性の人類学（歴史人類学の一種：コラムを参照）の旗手の一人として知られる。芸術人類学で有名なアルフレッド・ジェルに師事した。オハンロンは、オックスフォード大学付属のピットリバース博物館元館長。両者ともパプア・ニューギニアを主な調査地としている。

** 二〇一八年に出版された前川啓治ほか『二一世紀の文化人類学』（二〇一八年）では、「景観」の項目（里見龍樹執筆）が加えられている。

いことである。これまで人類学は、その名の通り、人類＝人間に焦点を当ててきた。だが、人間は日常の生活において景観と切り離されておらず、景観とともに生きている。それゆえ、景観人類学は、景観という非人間的な要素（自然環境など）も加味することで、人類学の方法論や研究対象そのものを再考しようとしてきた。つまり、非人間中心主義の人類学を新たに考える分野の一つとして、景観が注目を集めはじめたといえる。それゆえ、フランスの有名な人類学者であるフィリップ・デスコラ（Philippe Descola）らは、景観が二一世紀の人類学において最も重要なトピックの一つになると早くから予見していた。*

本書は、景観人類学とはどのような分野であるのか、その視点や研究の概要を示すことを目的としている。ただし、景観人類学は目下さまざまな方向に分岐しており、「景観」とは何なのか、どのような視点や方法が「人類学的」であるのかですら、全ての研究者に共通する見解をみいだすことはもはや難しい。多種多様な議論を無理に詰め込むと、読者に混乱を与えてしまう可能性もある。そこで、本書は、景観人類学の主要な議論を形成している二つの潮流を中心的にとりあげることにした。そのうち一つは、景観実践の人類学である。この潮流は、日常生活における「人間と景観をめぐる諸実践」を研究対象としている。** もう一つは景観問題の人類学である。この研究の流れは、「人間による景観の生産や競合」を研究対象としている***（前者については本書の第一章で、後者については第二章で、具体的に説明する）。

この二つの潮流は互いに異なる立場から景観にアプローチしているため、現時点ではほとんど接点がない。また、現在の景観人類学は、人間と景観の関係性を読み解くことに重点を置いており、景観設計や景観保護をどのように進めるかという実践的な

* Descola and Pálsson eds. *Nature and Society* (1996) を参照。デスコラの人物や研究については、岸上伸啓編『はじめて学ぶ文化人類学』（二〇一八年）収録の「フィリップ・デスコラ」（山崎吾郎執筆）を参照。

** 景観実践の人類学は哲学的な議論が多分に含まれている。この潮流は、人間が土地（環境）を遠くから眺めるという伝統的な景観の概念を批判し、人々が身を置く〈場所〉を景観研究の新たな対象にしようとしている。詳しくは一一頁を参照。

*** この二つの潮流は、景観人類学の英語論文集における先行研究のレビューを参照しながら、筆者が恣意的に分類したものである。「景観実践の人類学」および「景観問題の人類学」も、筆者が本書の執筆にあたり案出した造語である。

議論を脇に置く傾向が強い。****だが、景観というトピックを扱うからには、いずれ人類学もこうした実践的な問題を避けて通ることはできなくなるかもしれない。そこで、本書は最後の「課題と展望」で、応用科学としての景観人類学の可能性を考える。

景観人類学の諸研究は、景観実践と景観問題という二つの潮流だけにとどまることはない。特に、景観の歴史をめぐるアプローチは、近年の日本でもますます注目を集めるようになっている。そのため、本書は、コラム「景観史の人類学」をもうけ、この潮流をごく簡単に紹介することにした。

本書は、景観人類学の全ての研究の流れをとりあげてはいないが、この分野のエッセンスをできるだけ紹介するよう心がけたつもりである。本書を通して、景観人類学という新しい領域に親しんでいただければ幸いである。

****景観人類学には、地図や航空写真を多用しない論文・著作も珍しくない。物理的な環境そのものが研究の焦点になるとはかぎらないからである。他分野の研究で言及される景観の概念が、実際には本書で定義する環境と同義であることも少なくない。

第一章　景観実践の人類学

一　人類学と景観

1　景観とは何か？

景観という言葉は、われわれの日常生活でさまざまに使われており、時として風景、景色、環境などの言葉と明確に区別されていない。実際のところ、人類学でも景観をめぐる統一した定義はなく、何が景観（もしくは風景、景色、環境）であるのかの用法は研究者により異なることがある。ただし、景観人類学では、木、石、水、建物など人間をとりかこむ物質そのものを、景観と称することはあまりない。そこに人間のまなざし、意味、行為が介在することで、はじめて景観と呼ばれる。そこで本書はひとまず、環境を「人間の周りをとり囲む自然や建物などの物質」、景観を「人間の記憶、意味、行為が埋め込まれた環境」と定義しておく。ここでいう景観とは英語の**ランドスケープ**（**landscape**）の訳語である。ランドスケープは風景とも訳されることがあるが、本書は景観という訳語で統一する。*

＊風景画という表現に代表されるように、風景は、遠方から眺めた自然や人工環境を意味することが少なくない。中国の山水画も遠くから見た風景を描いたものである。哲学者・木岡伸夫（二〇〇七、五頁）によれば、風景の概念は、平安時代に中国から導入された。他方で、社会学者・山岸健の『風景とは何か』（一九九三年）によれば、風景とは人間が五感を通してかかわる環境でもある。このように、景観と風景の違いについて、全ての研究者に統一的な見解があるわけではない。景観／風景は実質的に区別が難しいため、日本の景観人類学では両者を区別せず景観で統一する傾向が強い。

環境と景観の違いについて、まず桜を例に考えてみよう。物理的にみると、桜は他の木や石などとともに人間をとりかこむ、環境の一要素にすぎない。しかし、桜は往々にして人間により特別な意味が付与される。日本では桜は春の風物であり、だから春に満開の桜が咲くと、家族・友人・同僚らが集まって花見をする。海外では桜が日本のシンボルともなることもある。だから海外からわざわざ桜を見に日本を訪れたり、外交時に友好の印として桜の苗木を送ったりする。この点において、桜は、単に樹と枝と花弁からなる物質ではなく、人間により特定の意味が埋め込まれた景観となっている。** さらに、桜はいったん意味を埋め込まれることで、花見や贈与といった人間の行為を導きだしている。

ある自然や建物が無味乾燥な環境なのか、特別な意味に溢れた景観なのかは、人によって異なる。例えば、大阪のミナミにある通天閣は、一部の大阪の人々にとっては地元のシンボルであり、愛着が込められた塔である。しかし、大阪の外から来る人々がそうした意味や感情を共有しているとは限らない。筆者の知人である大阪出身のAさんは、中国から観光に来たBさんをもてなそうと、通天閣に連れていったことがある。だが、Bさんはなぜこの低い塔***がそれほど重要であるのか理解できず、上海タワーの方が高く見応えがあったと後に筆者に語った。このエピソードは、海外からの訪問客にとって通天閣は、特定の意味が込められた景観ではなく、何の変哲もない環境の一つにすぎないことを表している。それに対して、大阪人であるA氏にとって通天閣は誇りであり、その高さ以上に壮大な景観として立ち現れている。

**景観人類学の隣接領域として、景観民俗学、景観社会学、景観考古学と呼ばれる分野がある。これらの分野は、一般的に人類学と同じく、人間の意味や行為が埋め込まれた環境を景観とみなしている。景観民俗学については、鳥越浩之編『景観の創造』（一九九九年）に詳しい。桜をめぐる事例もこの本の序論を参照している。日本語の景観考古学の文献としては、寺村裕史『景観考古学の方法と実践』（二〇一四年）がある。

***通天閣の高さは一〇八メートルであり、上海タワーは六三二メートルである。

写真1　通天閣（二〇一九年　撮影：河合洋尚）。人々にとって「通天閣」は塔（タワー）だけでなく、その下に広がる町も含め、意味ある景観となっている。

2　景観人類学の先駆け

人類学とは何かについても、景観と同様、必ずしも研究者の間で共通の認識があるわけではない。しかし包括的に述べるならば、人類学とは、人間の生活様式に関する総合的な学問であるといえる。その主な研究方法はフィールドワークである。人類学者は、海外へ赴いて、また時として国内の諸社会で、一定期間の参与観察をおこない、それを民族誌としてまとめる。* 海外であれ国内であれ、人類学者は基本的には各地で生活を営む人々に焦点を当て、社会関係、規範、価値観などを調べてきた。つまり、人類学の主要な研究対象は人間とその文化にある。それゆえ、われわれの周りをとりかこむ木、石、土地といった自然環境（以下、自然と略称）、もしくは家屋や道路といった人工環境**の性質や形状にまつわる研究は、時として人類学の関心外にあった。

ただし、人類学は、自然や人工環境に全く注意を払ってこなかったわけではない。木々や石、土地、家屋、道路などに込められた意味について、一部の人類学者は、文化という視点から注目してきた。世界の各民族には固有の文化があり、それが自然や人工環境に反映されると、論じてきたのである。人間が文化という「色眼鏡」を通して景観を認識する側面に着目した代表的な分野は、**認識人類学**と**建築人類学**である。

認識人類学は、人類学の下位分野としてアメリカで誕生し、日本でも一九八〇〜九〇年代、とくに注目された。認識人類学は、現地語の解析を通して、親族や自然などの分類体系を考察する分野である。*** ここでいう自然という範疇には、木、石、雨、雪から動物・植物までが含まれる。認識人類学は、各民族集団による自然認知の違いが、その言語

*文化人類学と民俗学との異同については、桑山敬己・島村恭則・鈴木慎一郎『文化人類学と現代民俗学』（二〇一九年）を参照。なお、中国やラテンアメリカなどの人類学では、海外ではなく国内の諸民族が研究対象となる傾向が強い。

**英語圏の人類学では、木や石や花などを自然環境（natural environment）、人間の手によりつくられた家屋や道路などを人工環境（built environment）と区別することがある。本来、両者を完全に分けることは難しいが、分かりやすさを考え、本書では便宜的に自然（環境）、人工環境という表現を使用することがある。自然の概念については、綾部真雄編『私と世界』（二〇一七年）第五章「人と自然」（小林誠執筆）を参照。

***親族呼称を例にとると、日本語のイトコに相当する中国語は、堂哥、堂弟、堂姐、堂妹、表哥、表弟、表姐、表妹の八種類がある。日本に比べて中国社会では「どのイトコか」が重要な意味をもつので、父方／母方、年上／年下、男性／女性の三つの基準から細かく分けられる。このように言語が指すカテゴリーは同じではない。同様の例は枚挙に暇がない。

に表れると考える。一例を挙げると、日本語の雪に相当する言葉は、カナダのイヌイットの間では二〇種類以上ある。逆に、日本語の雪、雨、氷、露、霧、雹、霙に相当する言葉は、インド南部のコーヤ語において mancu という一つの言葉で括られる。認識人類学は、たとえ同じ自然であっても、各民族の言語・文化に応じて認識のしかたが異なると考えてきた。そのうえで、現地語の分析を通して、各民族集団が自然を認識する固有の体系を見出そうとしてきたのである。****この分野は、景観という概念こそ必ずしも使ってこなかったが、人間集団が言語を通して、民族固有の意味を環境に埋め込む側面に注目してきた。

他方で、建築は、人間がつくりだした物質文化の一部として、早期から人類学の研究対象となってきた。*****特に一九六〇年代になると、建築学と人類学の双方で「名もない」人々がつくりあげた非西洋社会の家屋への注目が高まり、後に建築人類学という分野が成立した。******建築人類学は、世界の人々が暮らす家屋が多様である原因として、各民族の文化（社会関係や信仰・世界観など）の違いに着目する。例えば、家族の規模が大きければそれに見合った大きな家屋をつくるし、争いの多い社会ならば要塞のように強固な外壁をもつ集合住宅をつくらねばならない。神話・信仰の世界が、家屋の形状やデザインに反映されることもある。建築人類学は、人間の意味や行為が人工環境へと反映される側面について、議論を深めてきた。

このように、一九九〇年代に景観人類学が成立する以前、実質的には景観をめぐる人類学的研究は存在していた。また、風水をめぐる人類学的研究も景観人類学の先駆的研究の一つとして位置づけることができるだろう。風水とは、人間の命運と環境の

****雪をめぐる事例については、宮岡伯人『言語人類学を学ぶ人のために』（一九九六年）の第一章を引用している。

*****アメリカの人類学者ルイス・ヘンリー・モーガン（Lewis Henry Morgan）は、アメリカ先住民の親族形態の規模に応じて、住居形態が決定されると、一九世紀末の時点ですでに言及している。モーガンをはじめ初期の建築、人工環境をめぐる人類学的研究については Lawrence and Low（1990）を参照。

******初期の研究の一つとしては、アモス・ラポポート『住まいと文化』（一九八七年）を参照のこと。佐藤浩司編『シリーズ建築人類学』全四巻（一九九八〜一九九九年）は、建築人類学の視点から世界各地の家屋を紹介・考察している。

良し悪しとを不可分に考える、中国発祥の思想体系である。風水の考えによれば、ある人間集団をとりまく山、川、墓地、村落、家屋などの状態（配置、方角）が良ければ彼らは成功するし、それらが悪ければ災い（事業の失敗、病気、死など）がふりかかる。だから、開発業者が人間の住む環境をブルドーザーなどで開発すると、風水が壊され、そこに住む人々の健康が損なわれてしまうと考える。彼らにとって、山や村落などは、「死んだ環境」ではなく、龍や虎などの生命体に喩えられる「生きた景観」である。したがって、風水の研究とはすなわち景観の研究であるともいえる。[*]

3　景観人類学の成立へ

それでは、景観をめぐる人類学的研究にこれだけ長い歴史があるにもかかわらず、なぜ一九九〇年代になって景観人類学が新たな分野として登場したのだろうか。また、景観人類学がそれまでの研究と異なる点はどこにあるのだろうか。

人類学による景観概念の再検討

景観人類学が一九九〇年代に成立した理由はさまざまである。だが、その理由の一つに景観という概念の再検討があったことは強調しておかねばならない。[**]前述のように、本書でいう景観とは英語のランドスケープ（landscape）の訳語である。その語源は、オランダ語のランドスチャップ（*landschap*）にあるといわれる。もともとランドスチャップは、人間によって占有された土地の地区や広がりを指していた。しかし、一六世紀に人間が特定の視点からみた「眺め」としてイギリスに伝わった。[***]そして、景観は、風景

[*] これまで数多くの人類学者が、東アジア社会の景観を研究してきた。風水の人類学的研究については、渡邊欣雄『風水の社会人類学』（二〇〇一年）、聂莉莉・韓敏・曽士才・西澤治彦編『大地は生きている』（二〇〇〇年）などを参照のこと。

[**] Árnason, Ellison, Vergunst and Whitehouse eds. *Landscapes beyond Land* (2012: 2-3）を参照。

[***] サイモン・シャーマ『風景と記憶』（二〇〇五年）を参照。なお、景観の語源については諸説がある。日本語の景観はドイツ語 landschaft の訳語であるといわれる。

画（landscape painting　以下、本書の定義に従い「景観画」と表記する）に表されるように、土地を描き出す芸術用語としてフランス語圏やスペイン語圏で定着した。つまり、ヨーロッパでは、人間が特定のまなざしから遠近法的に描き出した土地（環境）が、景観と呼ばれるようになったのである。こうした景観の概念は、二〇世紀に入って人文・社会科学に引き継がれた。有名な地理学者であるデニス・コスグローブ（Denis Cosgrove）とステファン・ダニエルス（Stephen Daniels）も、景観を「文化的なイメージであり、環境を表象し、構成し、象徴化する、絵画的な手法」と定義している。***

景観人類学は、このようなヨーロッパで発展してきた景観の概念を精査することで、二つの大きな潮流を生み出してきた。その一つが、近代西洋の景観概念を批判的ではあるが継承する潮流である（詳しくは本書第二章で説明する）。そして、もう一つは、景観の概念がヨーロッパの文脈から現れてきたことを理解したうえで、それとは異なる世界各地の景観をみる潮流である。この方向性は、近代西洋の景観概念が、人間と環境（土地）とを切り離し、人間＝主体が環境＝客体を一方的に眺め、意味づけてきたことを批判する。*****そのうえで、人間と環境を明確に切り離さない景観のありかたを探求してきたのである。この理論的立場は、本章でとりあげる景観実践の人類学の出発点ともなっている。

景観人類学の出発点

こうした理論的な位置づけは、それまでの認識人類学や建築人類学とは明らかに一線を画している。前述のように、認識人類学と建築人類学は、各々の民族集団が環境を

***コスグローブ&ダニエルス『景観の図像学』（二〇〇一年）を参照。ただし、もちろん西洋の諸学問領域において、多様な景観の定義もあったことは断っておく。中国の景観人類学を牽引する葛栄玲らは、西洋、中国、日本における景観概念の変遷を論じている。詳しくは、葛栄玲・彭兆栄「景観」（二〇一四年　中国語）を参照。

*****人間が遠くから土地（land）や環境をまなざす（scape）という意味での景観の概念は、実際のところ西洋だけで発達してきたわけではない。中国の山水画など東洋でも早くから認められる。ただし、景観人類学では東洋における伝統的な風景（景観）概念は、まだほとんど議論の対象になっていない。いずれにしても、景観実践の人類学は、それまでの視角重視の景観論を反省し、人間が五感を通じて感じとることのできる環境世界を景観研究の対象にしはじめている。

認識する「固有の文化体系」を想定してきた（図1参照）。そのうえで、人間という主体が、文化のフィルターを通して、一方的に環境を認識する（意味づける）側面をとらえてきた。だから、景観人類学の論者にとって、認識人類学や建築人類学などの先行研究は、近代西洋の景観概念から抜けきれてはいない。それどころか、近代西洋の認識論から非西洋社会の景観を読み解く「誤った」理論パラダイムとして批判の対象になっている。

　もちろん、全ての先行研究が、「人間＝主体」「環境＝客体」と位置づけてきたわけではないし、前者から後者への一方的な操作しかみてこなかったわけではない。建築人類学の一部の研究は、家屋の形状や配置が人間の行為に影響を与えてきたことを早くから指摘している。[*] また、そもそも風水研究は、「人間＝主体」「環境＝客体」と位置づける近代西洋科学を批判することからはじめている。[**] しかしながら、認識人類学者や建築人類学など多くの先行研究が、図1のように、民族集団（＝主体）と環境（＝客体）を切り離し、前者から後者への一方的な意味付与を論じてきたことは確かである。この図式では、各々の民族集団が同質的な文化をもっており、その文化を通して環境が一様に意味づけられることが前提とされている。しかし、日本人といっても皆が同じ価値観や行動様式をもっているわけではないように、各民族が同質的で変化に乏しい文化をもつと想定すること自体に無理がある。景観実践の人類学は、言語・文化を通して民族固有の認識体系を調べることに、もはや興味はない。それよりも、次節で述べていくように、**個人と動態**により大きな関心を寄せるようになっている。

図1　近代西洋の景観概念

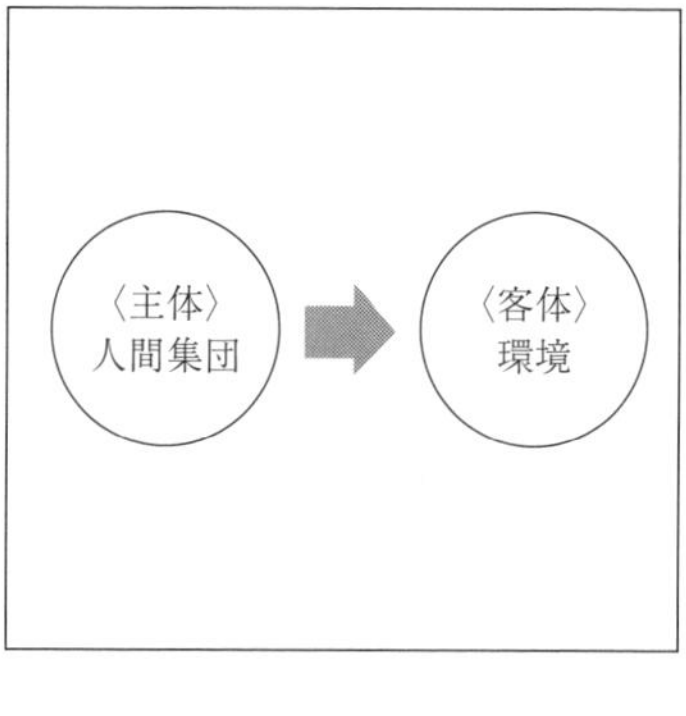

＊ Lawrence and Low（1990）を参照。

＊＊風水は、環境を主体とし、人間に影響を与えると考える。人類学者・渡邊欣雄は、人間を主体、環境を客体と位置づける西洋科学を批判し、東洋科学である風水が景観を「生き物」としてとらえることに着目してきた。そのうえで、人類学者は西洋の環境科学とは異なる、東洋科学としての風水に着目したのである。詳しくは、渡邊欣雄『風水　気の景観地理学』（一九九四）を参照。

二　記憶と〈場所〉

1　景観と集合的記憶

われわれ自身の生活を考えてみよう。個々の人間は当然ながらそれぞれ異なる生活を送っている。たとえ家族や同級生・同僚であっても、全く同じ経験や記憶をもっているわけではない。だから、個々人が環境をみるまなざしが全く同じであることはない。人間の数だけ景観も存在するはずである。前節では、大阪出身のAさんと中国出身のBさんとでは通天閣をめぐるまなざしが異なることを説明した。だが、これはAさんが日本人でありBさんが中国人であるというように、国籍の違いで区別することはできない。両者が通天閣をみるまなざしが異なるのは、同じ記憶や感情を共有していないからにすぎない。同じ日本人でも、Bさんと同じように通天閣をとらえる人々は少なくないはずである。

景観をめぐる集合的記憶

だが他方で、人々はともに暮らしたり、対話したりすることで、共通の記憶や感情をもつことがある。そうすると、個人の記憶や感情は一人のものではなくなり、集団で共有されるようになる。フランスの社会学者モーリス・アルヴァックス（Maurice Halbwachs）は、こうした集団内で共有されている記憶を**集合的記憶**と呼んだ。[***] 集合的記憶の概念で重要なのは**忘却**と**想起**である。人間は、人生で経験した出来事の多くを普

写真2　韓国・済州島の龍頭岩（二〇一九年　撮影：河合洋尚）。天に昇ろうとした龍が固まって岩になったという言い伝えがある。龍の形をした景観としてみられる。この伝説は現地の案内文や観光パンフレットなどを通して国内外の観光客に広く紹介されており、集合的記憶をつくりだしている。

＊＊＊モーリス・アルヴァックス『集合的記憶』（二〇〇六年）を参照。

段忘れている。しかし、旧友と出会うことで思い出したり、懐かしい建物を見ることで、昔の出来事を思い出したりする。すなわち、人間が忘却していた記憶を思い出す（＝想起する）一つのきっかけとなるのは人間関係であり、もう一つのきっかけとなるのは物質との関係である。

集合的記憶がつくられる経緯は、日常における個々人の対話から学校教育、小説、アニメ、商業広告までさまざまである。観光政策や政治的キャンペーンにより集合的記憶が形成されることがあるし、現代社会ならばＳＮＳが重要な媒体となることもある。いずれにしても、人間が社会生活を営むにあたり、同じ記憶・感情・価値観が共有されないということはまずない。個人的記憶はすぐにでも集合的記憶になりうる。そして、こうして共有された記憶に基づき、「同じ色眼鏡」から環境を眺めたり関わったりすることが可能となる。

関西学院大学の景観を読み解く

本書は関西学院大学リブレット・シリーズの一冊であるので、関西学院大学（以下、関学）の景観を例にあげることにしよう。関学上ヶ原キャンパスの正門を入ると西洋風の美しいキャンパスが広がっており、校内を奥へと歩くと、芝生、時計台、裏手には甲山《かぶとやま》がひかえている。* 関学生は、正門と時計台の間の芝生を「中芝《ちゅうしば》」と呼んでおり、その名を知らない在校生や卒業生はほとんどいないだろう（写真3参照）。

だが、よく考えてみると、この芝生がなぜ「中芝」（＝中央芝生）と呼ばれているのか疑問がわいてくる。地図をみると、この芝生はキャンパスの中央にあるわけではない。

＊関学の構内には、時計台の前に「中芝」が広がる。時計台の裏手の丘が甲山である。アメリカの建築家ウィリアム・メレル・ヴォーリズ（William Merrell Vories）により設計された。なお、この景観を「美しい」と感じる我々の感性の背後には、日本人が明治以降に西洋的な審美学的基準を受け入れたことと無関係ではないと考えられる。景観と権力の関係については、第二章で言及される。

キャンパスの中央は道路であり、「中芝」はその北側に位置する。ここが「中芝」と呼ばれるのは、単に正門と時計台の間にあるからでもないだろう。関学関係者の心の地図（メンタル・マップ）において、正門→「中芝」→時計台→甲山はキャンパスの中軸線上にあり、なかでも芝生と時計台は「中央」と位置づけられているからである。**「中芝」とは単なる略称ではなく、こうしたメンタルマップを示す愛称でもある。

先述のように、個々人の経験や記憶は多様であり、国籍、民族、階層、地域、学校などのカテゴリーに依拠して同質的に括ることはできない。ただし、同じキャンパスライフを過ごすという経験を通して、関学関係者の大半は、時計台前の芝生を一様に「中芝」と呼んでいる。筆者も二〇年ほど前の関学の卒業生である。「中芝」という呼称は当時からあったが、筆者は学生時代にそこをキャンパスマップの中心であるとも、特別な感情を込めているとも思わなかった。しかし、大学時代の旧友や学生時代には面識がなかった関学卒業生と話すと、「中芝」をめぐる話題が予想以上に出てくることに、筆者自身が驚かされることがある。「中芝」は、日頃は意識することすらなくても、実際のところ多くの関学生が記憶や感情、時としてアイデンティティを埋め込む景観となっている。

集合的記憶という概念を使う利点は、個人と個人、個人と物質のつながりを通じて、同じ経験と知識が共有されていくプロセスをみることができる点にある。すでに述べたように、人と話したり物を見たりする時、忘れていた記憶が呼び覚まされることがあるからである。それゆえ、集合的記憶に着目することで、「関学生の文化は〇〇である」と決めつけて一般化をすることなく、「中芝」をめぐる特定のまなざしが、関係性の網

**だから、関学の各種パンフレットやホームページでは「中芝」と時計台の写真が頻繁に掲載されている。

写真3　関学の構内（二〇一九年　撮影：河合洋尚）

の目を通して形成されていく過程を把握することができる。

もちろん、関学関係者の間でも「中芝」をめぐる経験、感情、記憶は一様ではない。しかし、こうした個々人の単独性（違い）を保持したまま、人と人、人と物のつながりを通して、「中芝」をめぐる共通の感覚やまなざしが形成されることがある。それは、民族、階層、地域、学校などというカテゴリーを往々にして超え、近隣の住民ですら、関学生と対話し行動をともにすることでその集合的記憶を共有することができる。

2　歴史や感情を〈場所〉に刻む

〈場所〉とは何か？

ある景観を名づけることで集合的記憶を喚起する行為は、世界各地でみられる。友人や恋人が秘密の場所に特別な名前をつけることで、同じ記憶を共有することもある。もしくは、親族や村民の共通の集会場も、特定の名がつけられ、共通の記憶をもつところとなりやすい。一例を挙げると、中国の東南部には、祖廟（別名：祠堂）という祖先の位牌を置く建物がある（写真4）。一般的に祖廟は、親族の祭祀場・集会場となっている。建物のなかには祖先の位牌が奥に置かれているほか、一族の歴史を記した石版や寄付をした親族の氏名なども壁に貼られている。* 一族の人々は祝祭日になると方々からここに集まり、祖先祭祀や食事をともにする。祖堂に戻った人々は、ただ祖先を拝むだけでなく、一族の歴史や物語への理解を深め、親族としてのアイデンティティを確認する。

近年の人類学では、このような歴史、記憶、物語、愛着、アイデンティティなどが埋め込まれた環境を、専門用語で〈場所〉（**place**）という。本書ではカッコ付で用いる〈場

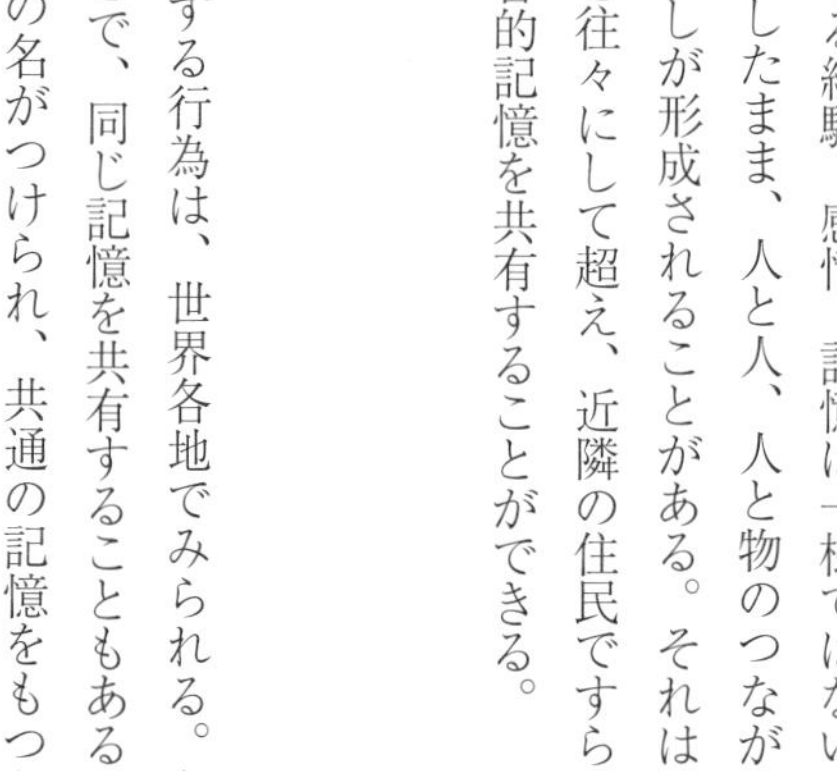

写真4　中国東南部・広東省梅県の祖廟（二〇一九年　撮影：河合洋尚）。

＊国立民族学博物館のビデオテーク「漢族の祖廟」（二四分、二〇一二年）は、大阪府吹田市にある同博物館二階のビデオテークコーナーで視聴することができる。

所〉の概念を、とりいそぎ一種の景観、特に人間が生活実践を営む範囲での景観としてとらえていただきたい（後述する内的景観の概念と近い）。他方で、そうした意味や感情が込められていないただの環境を**〈非場所〉**（**non-place**）という。先述した関学の景観の例をあげると、多くの関学関係者にとって「中芝」は〈場所〉であるが、そこを訪れたこともない人々にとっては〈非場所〉となる。**

日常用語において、場所は、何かがおこなわれる物理的な地点として使われることが多い。人類学における〈場所〉の概念も、人間が日常的に行動する地点としてのニュアンスをもつ。ただし、人類学用語としての〈場所〉は、単に物理的な環境ではなく、歴史、社会関係、感情などが埋め込まれる生活世界である。だから、〈場所〉は、物質であると同時に社会・文化的なマトリクス（matrix）でもあり、両者を切り離すことはできない。*** とりわけ景観人類学は、世界各地の人々を研究対象とするため、特に文字をもたない民族が、いかに彼らの歴史を〈場所〉に埋め込んできたのかを論じてきた。

〈場所〉における歴史の書き込み

そのうち最も研究が多いのは、アボリジニーと〈場所〉のかかわりについてである。アボリジニーとはオーストラリア先住民の総称であり、多くの部族に分かれている。アボリジニーの間では、**ドリーミング**（**dreaming** または**ドリームタイム dreamtime**）という天地創造の神話が語り継がれている。この神話の内容は各部族により異なるが、一般的に、①何もなかった暗黒の時代、②天地や動植物が生まれた時代、③現代へと至る伝承の時代の三つの時期に分かれる。ドリームとは人間の生活や足跡を意味しており、祖先

**もっとも人類学者が使用する場所の概念は必ずしも同じではないので、他の本や論文を読むときは注意が必要である。本書は、フランスの人類学者マルク・オジェ（Marc Augé）が『同時代世界の人類学』（二〇〇二）で示した〈場所〉と〈非場所〉の概念を用いている。オジェは、飛行場を例にあげ、海外に飛ぶだけの人にとって飛行場は〈非場所〉であるが、そこで働く人にとっては〈場所〉だと説明している。〈場所〉についてのこの定義は、人類学と人文地理学、特に景観人類学では頻繁に使われる。

***〈場所〉をめぐる人類学的研究の流れについては、河合洋尚「場所創出の重層性」（二〇〇四年）に詳しい。

から伝わる数々の天地創造の神話を語り継いでいくことを指す。天地創造の神話およびそれと関連する精霊などは、絵画として岩壁などの〈場所〉に描かれる。オーストラリア北部にあるアーネムランドの岩絵は、こうした「歴史的な出来事」が刻まれた〈場所〉の一つである。独自の文字をもたない民族は、絵画として歴史を〈場所〉に書き込み、人々はそれを見ることで自集団の歴史を継承させてきた。* 同様の事例は、アボリジニーだけにとどまらない。**

〈場所〉と五感

〈場所〉に歴史や記憶などを書き込む際、絵画・美術は主要なツールの一つとなる。だが、人間と〈場所〉は視覚のみを通してつながっているわけではない。むしろ景観人類学は、人間が**五感**（視覚・聴覚・嗅覚・味覚・触覚）を通じていかに〈場所〉とつながっているかを探求してきた。その中で特に研究蓄積が多いのは聴覚を通した音の景観、すなわち**サウンドスケープ**（**soundscape**）についてである。海のさざなみや蒸気船の音を聞くだけで海辺を思い出すことができるように、人々は聴覚を通して、ある特定の〈場所〉の視覚的イメージを導き出すことがある。音楽学では、こうした音とそれをとりまく景観の総体をサウンドスケープという。この概念は、一九九〇年代より景観人類学でも使われるようになった。その先駆者の一人であるスティーブン・フェルド（Steven Feld）は、パプア・ニューギニア高地のカルリの人々を対象として、彼らが〈場所〉を歌うことにより、歴史や記憶が喚起されることに着目している。***

* 詳しくは、国立民族学博物館ビデオテーク「アーネムランドの岩壁画」（二二分、一九八六年）を映像資料でご覧いただきたい。

** 文字の歴史が長い中国でも、絵画や彫刻を通して民族の歴史を示すことがある。歴史と〈場所〉の関係については、マオリを題材としたといわれるディズニー映画『モアナと伝説の海』も参考になる。この丘にある石積みは首長の歴史を、船に描かれた絵画は移住の歴史を表している。

*** サウンドスケープの詳細については、片桐保昭「創られゆくあいまいな風景」（二〇〇九）および辻本香子「都市のサウンドスケープと芸能の音」（二〇一六年）を参照のこと。フェルドのカルリ研究は、Feld and Basso（1996）に収録されている。聴覚に対して、嗅覚や触覚と〈場所〉との関係についての人類学の研究はまだ少ない。今後、スメルスケープなどの研究として進展させていくことが期待される。

3　身体と〈場所〉

人々は五感を通して〈場所〉と感覚的につながっている。そこで生活を営む人々は、自らがいかに〈場所〉とつながっているかを必ずしも言葉で説明することができない。とりわけ西洋科学の文脈で発達してきた文化やそれと関連する概念から、人々と〈場所〉のつながりを説明することには困難がともなう。

親族と〈場所〉のつながり

人類学者ピーター・ガウ（Peter Gow）は、西洋科学の認識ではとらえることが難しい、非西洋社会の人々と〈場所〉とのつながりに焦点を当てる。ガウは、アマゾン川流域のサンタクララに住むインディオを研究対象とし、****「そこの土地は親族の一部である」と述べている。近代西洋社会では（現在の日本もそうであるが）血のつながりがある人々を親族とみなす傾向が強い。それに対して、サンタクララのインディオがいう「親族」はより意味が広い。彼らにとって、「親族」関係は、血のつながりだけでなく、同じ土地を耕しそこで育った食べ物をともに摂取することで築きあげられる。つまり、「親族」は、同じ〈場所〉にはたらきかけることで形成される集団である（同じ〈場所〉からとれた食を共有する集団＝「親族」とみなす事例は、後述するように、マレーシアのケラビット高地にもある）。また、彼らが所有する土地は「親族」が活動した範囲を指すから、地図上の土地区画では説明できない。だからガウは、西洋科学でいう親族や土地のカテゴリーからでは、サンタクララの現実社会を読み解くことができないという。*****

****サンタクララは、アマゾン川の源流の一つである下ウルバンバ川流域に位置する。ピロ族やカンパ族を自称するインディオが住む、人口一〇〇名弱の小村落である。なお、上ウルバンバにはウルバンバ渓谷や世界遺産・マチュピチュがある。

*****Hirsch and O'Hanlon（1995）に収録されているPeter Gowの論文を参照。彼は、科学と実践の分離について、フランスの人類学者ブルーノ・ラトゥール（Bruno Latour）の科学人類学を援用している。

〈場所〉と身体のメタファー

人間と〈場所〉との結びつきを考察するにあたり、これまで人類学者が着目してきたキーワードが**身体**である。モーリス・メルロ＝ポンティ（Maurice Merleau-Ponty）、ジョージ・レイコフ（George P Lakoff）、マーク・ジョンソン（Mark Johnson）らの身体哲学が景観人類学でたびたび引用されるのは、そのためである。* レイコフとジョンソンによると、人間は身体の**メタファー**（隠喩）を通すことで環境を知覚する。例えば、日本語や英語は「テーブルの脚」という表現を使うが、脚とは動物が体を支え歩行する部分を指すから、本当にテーブルに足があるわけではない。テーブルを支える四つの柱を「脚」とするのは、メタファーである。だが、レイコフとジョンソンは、メタファーを単なる言葉のあやとは考えない。人間が周囲の環境を表現するのに、なぜメタファーを使うのかという根源的な意味を問う。そのうえで彼らは、人間が各々の経験に基づいて、身体のメタファーから環境を理解しているのだと論じる。**

風水をめぐる研究が明らかにしてきたように、世界の諸民族は周囲の家屋や村落をしばしば人間や動物の身体と重ね合わせてきた。これも単なるメタファーではない。風水の原理によると、人間と家屋や村落などの環境は、生命エネルギーである**「気」**を共有している。人間と彼らをとり囲む〈場所〉とは相互につながっているから、家屋や村落が傷つけられることは、人間が傷つけられることに相当する。

オセアニア島嶼部の**マナ**も「気」と類似する概念である。マナも目に見えない生命エネルギーであり、人間だけでなく石や木などの環境にも宿っている。首長など地位

*クリストファー・ティリーらの著書（Tilley and Cameron-Dawn 2017）はその代表格である。彼は、身体のメタファーという視点から景観を読み解いている。

**人間が自らの身体を模して周囲の環境を理解しつくりだしていることは、新幹線や飛行機の形状に表れていることからも明らかである。電車や飛行機の先頭は、機械を動かすという機能からは必然性がないにもかかわらず、二つの眼と鼻／口に相当する部分がある。その意味で、環境は人間と切り離された無機質な存在なのではなく、人間の身体を投影させた意味ある景観である。

写真5　イギリスの電車（二〇一七年、河合洋尚撮影）。

が高い人々はより多くのマナを身体に秘めている。また、石はマナの結晶であると考えられる。ミクロネシアのチューク環礁では、家屋や村落や島が人間の身体のメタファーで語られる。それらの中心は、現地語で「腹」（ヌーク）と呼ばれている。ヌークは、家屋や村落などの中心であるとともに、食物や胎児の生命を宿す「腹」でもある。だから、そこにはマナ***の結晶である石が置かれ、同じ親族や村落の人々が共に食事をする。人々はここで共食することで、生命エネルギーを共有するのである。チューク環礁では、身体の形象イメージが〈場所〉に埋め込まれ、それが人々の行動を促している。****

このように、多くの非西洋社会において、環境は必ずしも人間の身体と切り離されていない。したがって、景観人類学は、人間の身体と〈場所〉との連続性に着目してきた。そして、人間と〈場所〉を連続的にとらえることで、逆に人間のありかた（親族カテゴリーなど）を問い直そうとしてきたのである。

三　運動とマテリアリティ

1　個人の運動と〈場所〉

ところで、ピーター・ガウは、先述した事例のなかで、**道路**（**road**）と**通り道**（**path**）とを使い分けていた。景観人類学において両者の区別は重要である。道路とは、行政区画や土地区画により地図上であらわれる道を指す。それに対して、通り道とは、こうした行政的な制約を受けることなく、人々が生活を営むうえでたどった経路を指す。言うまでもなく、人々の日常の行動は、行政により区切られた範囲だけにとどまるわ

***マナという現地語はすでに人類学の専門用語となっている。ただし、地域によって呼び方が異なることがあり、チューク環礁では「マナマン」と呼ばれている。

****河合利光『身体と形象』（二〇〇一年）を参照。この本は景観人類学とは名乗っていないが、実質的に人間の身体と〈場所〉のつながりについて議論している。

写真6　ミクロネシア連邦チューク州の集会所。村落の「腹」（ヌーク）の部分にあたる（一九九一年　撮影：河合利光）

けではない。地図上では描かれない道筋を歩き、そこに歴史、物語、感情などを埋め込んだりする。

運動・名づけ・メッシュワーク

景観人類学は、このように個々人が動くことで〈場所〉がさまざまに発見されていく過程に関心を抱く。アメリカの人類学者であるキース・バッソ（Keith Basso）は、アメリカ西部のアパッチの人々をとりあげ、*徒歩と〈場所〉の関係に注目する。バッソは、この部族が同質的な文化をもっているとは想定していない。アパッチの一人ひとりが通り道を歩き、名づけることで、そこに集団の神話や価値観を埋め込んでいく過程を追っている。アパッチの人々はそこを通り、互いに語り合うことで、神話や記憶を継承していく。**こうして、個人と個人、個人と〈場所〉とのつながりを通じて、いかに集合的記憶が保たれていくのかを論じている。

こうした運動と〈場所〉の関係について、景観人類学の代表的論者の一人であるティム・インゴルド***（Tim Ingold）は、**線**（ライン）というイメージを使いながら説明する。インゴルドによれば、刊行された地図で描かれている線は、占拠を意味しており、生活を意味しているのではない。刊行地図で描かれる場所は線で囲まれており、そのなかの特定の事物が点として描かれ、外界とは最短距離の輸送を可能にする道路で結ばれている（図2を参照）。それに対して、人間の「生」とその動きは、そうした行政的に区画された枠線のなかに押しこめられない。****人間の「生」とかかわる〈場所〉は、行政的に境界づけられたり意味づけられたりする地理的領域ではない。さまざまな関心や利害

*アパッチはアメリカ合衆国南部に住む先住民（インディアン）の一部族である。

**Feld and Basso (1996) の Basso 論文を参照。

***詳しくは、岸上伸啓編『はじめて学ぶ文化人類学』（二〇一八年）収録の「ティム・インゴールド」（生田博子執筆）を参照。

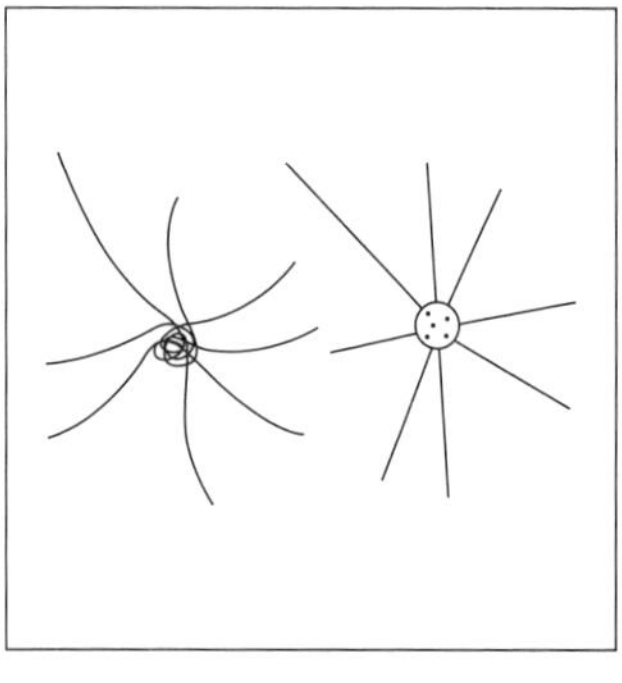

図2　インゴルドの〈場所〉論（インゴルド 二〇一四：一五七）。図の右は、刊行地図で面や直線として描かれる「無機質な」場所を表している。この場所は政治統治や経済効率が優先されており、人々の「生」が押しこめられている。他方で、生き生きとした〈場所〉は、図の左のように、多数の人々が通り道を歩き、集まることではじめて生成される。

をもつ人々が通り道を歩き、集まることで、さまざまに生成されるのが〈場所〉である。インゴルドは、人間を含む動物が歩行し交差することで網状のネットワークをつくりあげていくことを、専門用語でメッシュワーク（網細工）と呼ぶ。〈場所〉とはメッシュワークの運動を通してつくられるものであるというのがインゴルドの主張である。****

オークニー島における徒歩と〈場所〉

徒歩と〈場所〉の関係について、オークニー島の事例をあげて説明していくことにしよう。*****

オークニー島は、スコットランドの北部に浮かぶ島であり、観光資源として有名であるのはストーンサークルである。ストーンサークルは、世界遺産に登録されているイギリス西部のソールズベリのそれが有名であるが（写真7参照）、オークニー島にも点在する。行政側はここのストーンサークルを観光の売りとしており、多くの観光客がそれを見るために訪れる。考古学者もまたオークニー島のストーンヘンジがソールズベリのそれよりも古いものとみなし、その〈場所〉に集まってくる。しかし、アメリカのシリコンバレーからやってきた投資企業家のZ氏にとって、そこのストーンヘンジは魅力ある〈場所〉ではなかった。オークニー島は、海上の潮力と風力が生み出す再生可能エネルギーでも知られている。Z氏は、シリコンバレーにおける未来の投資を見据え、再生可能エネルギーやそれにまつわる物語を求めてこの島を歩く。Z氏は島の農地にある機械に目をとめた。それは島の自然資源をバイオガス燃料へと変えていく、無酸素性のダイジェスターであった。Z氏は、この機械に新たな再生可能エネルギー

写真7　ストーンヘンジ（Photo by Jane Haselden）

***ピーター・ガウは、アマゾン地帯の刊行地図で示されるのは、開発された牧草地とそれを直線的に結ぶ道路であると指摘している。こうした視覚のうえで示される景観は、近代化の権力と結びついている。

****メッシュワークは、フランスの哲学者アンリ・ルフェーヴル（Henri Lefebvre）の空間論を参照してつくりだされた用語である。

*****他にも、徒歩と〈場所〉〈景観〉の関係については、土井清美「徒歩者の景観」（二〇一六）を参照。土井は、スペインのサンティアゴ徒歩巡礼路をとりあげ、人間が歩くという行為によりさまざまに〈場所〉と感覚的につながっていく過程を論じている。

の道筋を見出す。だが、このダイジェスターの発明者は、オークニーの土壌に合うように独特にこの機械を開発しており、大量生産することには関心がなかった。そこの人々と機械と島の環境とは相互につながっている。それゆえ、シリコンバレーでの投資を念頭に置くZ氏にとって、そこの機械と農場はやはり価値ある〈場所〉にはならなかった。

企業投資家であるZ氏は、オークニー島の景観を再生可能エネルギーの実験室ととらえており、そこで彼の利害に合う〈場所〉を新たに探し求めようとしていた。インゴルドが指摘するように、外からさまざまな人、情報、物質が来るにつれ、新たな歴史、物語、感情が発見され、〈場所〉として生成されることがある。実際に彼は歩くことで、彼の利害に合いそうな農場を偶然見かけた。だが他方で、そこに住む人々と〈場所〉とは不可分の関係にある。それゆえ、生活者が環境とのやりとりのなかで培ってきた〈場所〉は、Z氏のような旅行者とはすぐさま共有できるものではない。*

2　動く景観、感情をもつ景観

繰り返すと、景観人類学の着眼点の一つは、人間と〈場所〉との不可分な関係をとらえることにある。ただし、この分野は、各々の民族に環境を認識する「固有の文化体系」があるとはもはや考えておらず、個々人が環境とのやりとりのなかで〈場所〉を生成していく経緯を研究の対象とする。したがって、特に景観実践の人類学は、人間が環境へ作用するだけでなく、環境がいかに人間の知覚や行為に影響するかにも注意を払う。**

＊Janowski and Ingold（2012）の第四章（Watts 論文）を参照。この論文の著者であるローラ・ワッツ（Laura Watts）はA氏とともに島を歩き、そこで見聞した出来事を小説風に描き出している。ワッツは、現地（フィールド）の全体像を「客観」的に描き出そうとする古いタイプの民族誌を斥け、人類学者が歩き観察できる範囲の諸事実を、「主観的に」つなげていく民族誌を志向する。また、ワッツは、個々人が思い描く未来に焦点を当て、そこからいかに〈場所〉が生成されているかにも着目している。

＊＊最近の人類学は、その場その時の状況に応じて不断に変化していく〈場所〉に注目するようになっている。ただし、ここでは個々人が慣習的な価値観や振る舞いを引き継いでいない「まっさらな」人々であると想定されることも少なくない。それに対する反省が、後述するイマジネーションの議論を生み出している。Melinda Hinkson "Precarious Placemaking"（2017）も参照のこと。

アフォーダンス――環境のもつ影響力

ただし、環境のありかたが人間の知覚や行為を左右するという発想は、景観人類学のオリジナルではない。生態心理学者ジェームス・ギブソン（James J Gibson）は、**アフォーダンス**（**affordance**）という概念でこれを説明している。アフォーダンスは、「環境が動物に情報を与える」ことを意味する造語である。われわれは、コップに取っ手がついているとそこを持って飲むし、椅子があるとそこに座ろうとする。コップや椅子の形には、われわれがどのように行動するべきなのかという情報が含まれているからである。このように、人間を含む動物は環境の形や配置から情報が与えられており、その情報に従って行動する。*** アフォーダンスという概念こそ使わなくても、同様の見解は、一九九〇年代以前の人類学でもみられる。とりわけ人工環境の人類学は、家屋などの形状が、どのように人々の知覚や行為に影響を与えてきたかに着目していた。****

そのうえで、景観人類学がさらに重視するのは、環境の不可測な変化を考慮に入れることである。すでに述べたように、景観人類学の一部の研究は、人々の歴史や記憶などが〈場所〉に埋め込まれ、それらが五感を通して人々に伝えられる、という循環の過程を論じてきた。これらの研究は、祖先から伝えられてきた語りや実践が〈場所〉という媒体を通して、世代を超えて継承される側面を論じている。もちろん人々の流動性が少なく環境の変動が少ない社会では、そうした人間と〈場所〉の安定したつながりが一定期間続くことがあろう。だが、地震、台風、洪水などの自然災害、もしくは都市開発によりそれまでの環境が一変した場合、人々とその周囲環境の間に新たな意味や関係が生まれることもある。*****

***アフォーダンスの概要については、佐々木正人『アフォーダンス入門』（二〇一八年）を参照。アフォーダンスは環境から人間の行動を予測することにもつながるため、近年、それを部屋のインテリア・デザインに活用する分野も生まれている。

****Lawrence and Low "The built environment and spatial form" (1990)を参照。

*****里見龍樹「『問題』としての景観」（二〇一六年）も参照。この論文は、環境の変化にともない、旧来の人々と〈場所〉のつながりに変化がもたらされてきた過程を論じている。

ドイツ・ハンブルグにおける巨石のエージェンシー

われわれの周りをとりかこむ山や川などの自然は、ずっとそこにあるように思われるかもしれない。だが、それらは長い地殻の変動により形成された産物でもあり、いまでも地球上の自然は少しずつ変化している。とりわけ氷河で囲まれた寒帯地域や頻繁に洪水がおこる地域では、自然が常に変化している。こうした自然の変化は、人々の新たな行為を促すきっかけともなる。ドイツ北部のハンブルグに漂着した巨石は、その典型例である。一九九九年、氷河によって押しだされた巨石がエルベ川の支流を通ってハンブルグに漂着すると、それは新たなイメージや実践を人々に喚起するようになった。ハンブルグの市民のなかには、巨石に愛着を抱くようになった人々もいる。また、巨石は外から流れついたため、移民のシンボルとして政治的に利用されるようになった。市政府は「ハンブルグ最古の移民」と題してこの「移民巨石」のポスターをつくり、ハンブルグが開かれた都市であるというイメージを再創造しようとした。そして、このポスターは、ドイツの移民や移民政策の議論をヒートアップさせることにつながった。動く巨石は、人間との新たな関係の網の目をつくりだす景観となっている。*

前述のように、インゴルドは、人々の移動にともなうメッシュワークにより、〈場所〉が生成されていくと考えた。ただし、〈場所〉を生成するのは人間だけではない。巨石の漂着のように、自然の変動も人々の新たな行為を導き出し、〈場所〉を生成する。ここにおいて自然は単なる物質ではない。人間の意味や感情が込められるとともに、人間の記憶や行為に影響を与える主体ともなっている。近年の人類学は、人間だけでなく、

*ドリーン・マッシー『空間のために』（二〇一四：二五〇—二八三）から事例を引用した。地理学者であるマッシー（Doreen B Massey）は、非人間中心的な地理学を提起している。

**近年の人類学では、主体と客体を二分する西洋科学の手法を批判し、主体と客体の間の関係性をとらえる議論が盛んである。その結果、マテリアリティ（mateliarity）、空間性（spatiality）、歴史性（histrocity）など、「-ity」という接尾語をつけて両者のはざまを示すようになっている。詳しくは、Hirsch and Stewart（2005）を参照のこと。

物質もまた能動的な行為体＝エージェンシー（**agency**）であるとみなしはじめている。巨石のような物質は、人間に新たなイメージや実践を喚起する主体でもあるというのである。このように、主体としての性質も兼ね備える物質は、専門用語で**マテリアリティ**（**物質性 materiality**）と呼ばれている。** 景観人類学は、人間をとりかこむ環境を単なる物質ではなく、マテリアリティとしてとらえるようになっている。

カナダの氷河地帯における環境の変化と先住民

だが、景観人類学の他の研究は、環境の変化が人間の知覚や行為を必ずしも変えてこなかった事例も示している。カナダの人類学者であるジュリー・クライクシャンク（Julie Cruikshank）は、アメリカとカナダの国境地域にある世界自然遺産・セイントイライアス山における自然の変化をまず追っている。この一帯は浮氷原であり、一八世紀後半以降ですらそこの自然の形状は同じでない。続いてクライクシャンクは、一八世紀後半から一九世紀にかけてそこを訪れた探検家の日誌、および三名の老女からの聞き取りに基づき、そこに住む人々*** と自然とのかかわりを調べた。今を生きる女性たちの語りによると、氷河は「生きており」、感情をもっている。だから、大声を出したりして氷河を刺激すると、それらが崩れ、人間に危害を与える。また、氷河は獣の油の臭いを嫌うため、獣の肉を調理する時には必ず煮なければならない。油で揚げたり炒めたりすると、氷河は怒り、氷を落として人間に危害を与えるのだという。興味深いことに、こうした語りは少なくとも一九世紀後半の日誌にみられる。この日誌には、セイントイライアス山の氷河が「生きている」という、現地の声が記録されている。****

＊＊＊クライクシャンクによると、彼女の調査地にはトリンギットなどの先住民が生活している。トリンギットは、イヌイットの一部族である。

＊＊＊＊Árnason, Ellison, Vergunst and Whitehouse eds. *Landscapes beyond Land* (2012) の第三章（Cruikshank 論文）を参照。この論文にみるように、景観人類学は、従来の人類学が軽視してきた自然生態の変遷史にまでふみこんで調査をおこなっている。この点はコラムで論じる景観史アプローチとも共通している。

3　「生」とイマジネーション

以上の動向をまとめると、景観実践の人類学は、人類（人間）の学問において非人間的要素（環境、景観）をとりいれて記述することに関心を払ってきた。それまで人間だけの事象であると思われてきたものに対し、景観とのつながりから理解を深めようとするのが景観人類学の醍醐味であるといえよう。景観実践の人類学は、人間と〈場所〉が分かちがたい関係にあると考え、人間の身体の延長上として〈場所〉をとらえたり、人間と〈場所〉との相互影響関係について論じたりしてきた。

イマジネーションと景観

そうであるから、景観人類学は、ギブソンのアフォーダンス理論とは異なる展開もみせている。すでにみたように、ギブソンは、環境の形や配置のありかたが、人間の行動を誘発すると論じる。だが、アフォーダンスは基本的に人間と環境を切り離したうえで、環境→人間の方向しかみない。ギブソンのいう環境とは（本書の定義に基づくと）物理的な環境にすぎない。それに対して、インゴルドは、人間―景観の双方向のメッシュワークをみていく必要性を主張する。*

インゴルドによれば、環境の形状が同じでも人々が同じ行動をとるとはかぎらない。路上に奇形の大岩があるとしよう。この岩をみて、われわれはどのような行動をとるだろうか。おそらく人々の行動は同じではないはずである。それを避けて通る人もいれば、業者に依頼して取り除こうとする人々もいるだろう。筆者の調査地である中国東南部の

＊Ingold. *Being Alive*（2011）の第六章を参照。

＊＊もしくは、墓の割れ目に柳の枝が落ちてきたら、われわれはどうするであろうか。筆者ならば特に気をかけないし、そのままにしておく人も多いだろう。しかし、中国の一部の人々は、柳の枝が墓に突き刺さることで、村民の誰かが失明することを恐れる。墓と人間はつながっており、墓が傷つけられると人間も傷つけられると考えるからである。だから、彼らは緊張感をもってその枝をすぐに取り除こうとするだろう。これと関係する事例については、聶莉莉・韓敏・曽士才・西澤治彦編『大地は生きている』（二〇〇〇年）収録の「福禄寿の獲得装置としての風水」（韓敏執筆）を参照のこと。

客家地域の人々ならば、そこに寺院や祖廟を建てようとするかもしれない。奇石には「生命力があり、人間に活力を与える」と考える人々もいるからである。**

要するに、人々の環境をめぐるイメージは一つではないし、それに対する行動も同じではない。このことについてインゴルドは、人間と環境のやりとりにおける人間のイマジネーションに着目する。イマジネーションとは、「存在しないものをあたかも存在するかのようにとらえる精神的な能力」と定義される。*** 奇形の大岩を生命力の塊とみるのは、環境が与える以上の情報に基づくが、かといって幻想というほどのものではない。環境がアフォードする以上の情報ではあるが、幻想とまでは言えない両者の中間的な知覚を、インゴルドはイマジネーションと呼ぶ。**** イマジネーションは、個々人が親族やコミュニティーにおける思想や実践を学びながら身につける。

人類学者モニカ・ヤノフスキー*****（Monica Janowski）は、インゴルドの議論を引き継いでイマジネーションの問題を扱っている。ここでイマジネーションという概念への理解を深めるため、マレーシア・サラワク州******のケラビット高地を対象とする彼女の研究をとりあげてみるとしよう。

ケラビット高地の景観をめぐる「生」のイマジネーション

ケラビット高地に住む人々は、人間、動物、樹木、石などあらゆる存在が、ラルードによって生かされていると考える。ラルードとは「気」やマナのような生命エネルギーであり、人間、動物、樹木、石などはラルードが異なる形で現れた存在である。だから、人間や動物は石になることもある。******* ケラビットの社会において、人間は、この生命エ

*** Janowski and Ingold eds. *Imaging Landscape*（2012）の序論を参照。

**** 景観実践の人類学は、遠くから環境（土地）を眺めることをやめ、眺められないほど近接した地点での人間・環境行為を捉えはじめている。イマジネーション論は、そうした見解に基づきながらも、人々の知覚や語りにも着目している点で注目できる。

***** ヤノフスキーは、食の人類学的研究でも知られる。彼女が編集した『東南アジアにおける親族と食』（Janowski 2007）は、親族を食との関係から捉え直した意欲的な論文集である。

****** マレーシアは半島部と島嶼部に分かれており、サラワク州はボルネオ島の北部に位置する。詳しくは扉地図を参照。

******* 石を生命の塊とする思考はケラビットだけに特有ではない。ミクロネシアや中国南部でも、石は生命観の信仰と密接にかかわることがある。日本では石に命が宿り、時とともに成長するという考えがあった。民俗学者・柳田国男の生石伝説（『柳田国男全集』第七巻）を参照のこと。

ネルギーの循環のなかで生かされているにすぎない。ただし、人間は受動的な存在ではない。人間だけがウルンという生命体を有し、ラルードを操作することができる。

　ケラビットの人々は、第二次世界大戦以降にキリスト教を受容したが、こうした世界をめぐるイマジネーションを同時に受け継いできた。ラルードをより能動的に操作することで高い地位を得ようとする行為は、稲作にもあらわれる。ケラビットの人々は、水田地帯で稲を育て、その土地でつくられた米から料理をつくり、分配する。この食事を与えられた人々は、同じ土地のウルンを共有するため、「親族」であるとみなされる。ここでいう「親族」には血縁関係のない扶養者も含まれる。つまり、同じ〈場所〉からとれた食を摂取することで「親族」が形成される。水田の所有者は、それにより大規模な「親族」集団を形成し、社会的地位を高めていくのである。他方で、人々の活動は、自然の制約や変動に強く影響されてきた。人々はまず居住地の湖がU字型であることを受け、それに沿った水田をつくった。そして、一九六〇年代に大きな地震がくると、大規模な水田ができあがった。人々はより大規模な稲作が可能となり、そこからとれる米の分配を通して、「親族」集団を拡大していくことが可能となった[*]。

　このように、ヤノフスキーは、ケラビットの社会において個々人の実践が〈場所〉との関係で絶え間なく動く姿を描き出した。だが、彼女は、その時その場の動態のみを描き出しているわけではない。ケラビットの人々が意識モデルのうえで人間から動植物、自然までを含めた世界観をもっており、それをイマジネーションとして学習・共有していることを前提としている。そのうえで、ヤノフスキーは、人々が能動的に〈場所〉とやりとりをし、予測できない変化を生み出していく過程を描き出している。

＊ Janowski and Ingold eds. *Imagining Landscape*（2012）の第八章（Monica Janowski 論文）を参照。

＊＊ ただし、インゴルドとベルグンスト（Jo Vergunst）は、いかに植民地主義の時代において人間が所有の指標として世界に「刻印」を残そうとしてきたかを議論している。詳しくは、Ingold and Vergunst eds. *Ways of Walking*（2008）を参照。

＊　＊　＊　＊

景観実践の人類学は、都市計画や村落開発のような景観をめぐる政治経済的なプロジェクトにはほとんど関心を示さない。＊＊そのかわりに、人間と景観をめぐる微視的な諸実践をクローズアップしてきた。すでに述べたように、この潮流の出発点は近代西洋的な景観概念を批判し、非西洋社会（西洋社会も一部含む）におけるオルターナティブな景観の生成を考察することにあった。だが、近代西洋的な景観の概念は、視覚の権力性として、すなわち「他者」を遠くから対象を見てデザインする技法として発展してきた。それゆえ、視覚という切り口を介さずして、景観という概念を使う意義がどこまであるのか、という別の問題がここで生じてくる。近年、非人間中心主義の人類学を志向しているのは、景観人類学だけではない。景観人類学とは名乗っていないが、実質的に景観について議論を深めている研究もある。人間的なるものを超えた人類学を提唱するエドゥアルド・コーン（Eduardo Kohn）の研究は、その代表格である。＊＊＊こうした動向を踏まえると、景観人類学は、景観という概念を使う意義について再び問わねばならない段階にきている。

もちろん筆者は、本章で紹介した景観実践の人類学そのものに意義がないと言うのではない。むしろ景観人類学の「人類学」たる部分において、人間と〈場所〉の関係をめぐる微視的な研究は鍵となるだろう。＊＊＊＊だが、景観人類学は、あくまで景観を扱う学問である以上、「景観とは何か」という問題群から自由になることはできない。

私見では、景観実践の人類学は今後二つの方向で発展できるかもしれない。一つは、

＊＊＊エドゥアルド・コーン『森は考える』（二〇一六年）を参照。コーンは、必ずしも石などの自然にエージェンシーを見出していないが、人間、動植物、精霊の間のかかわりを描き出している。コーンは、最近の人類学で注目を集める存在論人類学（anthropology of ontology）の主要論者の一人である。存在論人類学は、人間と環境の相互作用により生成する「世界」に焦点を当てるが、その「世界」の概念は本書でいう景観や〈場所〉の概念と重複するところがある。存在論人類学については、桑山敬己・綾部真雄編『詳論　文化人類学』（二〇一八年）の第二三章「認識論と存在論」（綾部真雄執筆）に詳しい。

＊＊＊＊なお、人間と自然環境との関わり合いについて、国境を越えた次元から描写した研究もある。例えば、アナ・ツィン「根こそぎにされたランドスケープ（と、キノコ採集という穏やかな手仕事）」（二〇一七年）を参照。

ヨーロッパの景観概念から徹底的に離れ、各地域や各集団における「景観」概念について検討することである。もう一つは、第二章で紹介する景観問題の人類学との対話を促進していくことである。この潮流は、「視覚や文化的イメージ」という近代西洋的な景観の概念を、別の角度から継承している。* この景観概念とのつながりを示すことで、景観実践の人類学において景観概念を使う意義を再確認ことができるだろう。この問題については、「課題と展望」において改めて議論することにしたい。

＊言うまでもなく、どの環境を絵画的に美しいと感じるかは、社会的に規制されている。この潮流は、直接的にも間接的にも「ピクチャレスクネス」(picturesqueness: 絵画的な景観)に注目するものとなっている。パトリック・ラビオレッテの議論 [Laviolette 2011] を参照のこと。日本や中国で展開されている景観人類学には、この立場からの研究が少なくない。

第二章　景観問題の人類学

一　文化・科学・権力

1　景観と表象

景観とステレオタイプ

日本を歩いてまわると、その土地の特色とされるものがしばしば強調されていることに気づかされる。大阪の観光地として有名な道頓堀に行くと、巨大なたこ焼きやお好み焼きなどの看板で飾り付けた店舗がある。また、ＪＲ青森駅の構内には地元の有名な年中行事であるねぶた祭りの山車が置かれており、その付近の郵便ポストや時計台はリンゴをモチーフとしてデザインされている。こうした例は枚挙に暇がない。

だが、よく考えてみると、なぜ大阪の道頓堀にたこ焼きの看板があり、青森駅の近くにリンゴ型の時計台があるのだろうか。現在の日本では、たこ焼きは「大阪の名物」とみなされている。だが、たこ焼きの創始者である遠藤留吉（一九〇七―一九九七）は福島県の出身であり、遠藤は、兵庫県西部の明石焼きにヒントを得て、故郷・福島のダ

写真8　道頓堀におけるたこ焼きとタコの看板（二〇一九年　撮影：河合洋尚）

シを用いることで、今あるたこ焼きの原型をつくった。つまり、たこ焼きはもともと大阪の伝統的な郷土食ではなく、脱地域的な性質をもつ食である。たこ焼きが「大阪の名物」とみなされるようになったのは、それが大阪で人気を博し、メディアが大阪のソウルフードと宣伝したからにすぎない。他方で、確かに青森は日本最大のリンゴの名産地であるが、実はアンズやフサスグリ（ベリー類）も日本一の生産量を誇っている。また、山形県や長野県の農村を歩いていると、リンゴ園がいたるところにあるのを見かける。

人間は、自身が属さない地域や集団を一括りにして語る傾向がある。その対象となるのは食などの物質だけではなく、人間も含む。例えば、日本では「大阪のおばちゃんはパーマをかけてヒョウ柄の服を着ている」といわれることがある。だが、筆者は阪神間に二〇年以上住んでいるにもかかわらず、そのようなファッションをした中年女性をほとんど見たことはない。こうして他集団を単純化する紋切型の観念を、**ステレオタイプ**と呼ぶ。ステレオタイプは一種の偏見であり、先入観でもある。*

ステレオタイプを生み出す要因の一つとなるのは、他集団の一部の人々との直接的な接触である。しかし、現代社会ではマスメディアの報道や商業広告が果たす作用も無視できない。メディア機構は、何を報道し何を報道しないかを取捨選択することができる。報道内容に一定の見解を付け加えることも可能である。そもそもテレビや新聞は（人類学者の記述と同様に）海外のすべての事象をとりあげることができない。ニュースの場合、事件性がある特殊な出来事が優先されるだろう。こうした事件は負の側面を含むことが多々あるため、それを見た海外経験のない人々は「だから外国は怖い」という判断をしばしば下してしまう。

写真9　ＪＲ青森駅近くにあるリンゴをモチーフとした時計台（二〇一八年撮影：河合洋尚）

＊ステレオタイプは差別やヘイトスピーチの温床ともなる。二〇〇一年のアメリカ同時多発テロ事件以降、イスラーム教徒（ムスリム）＝テロリストというステレオタイプが生み出され、世界中でイスラモフォビア（Islamophobia イスラーム嫌悪）が巻き起こったのもその一例である。だが、それはイスラーム教徒の一部の過激派を表しているにすぎない。多くのイスラーム信者（ムスリム）は、イスラームは平和を愛する宗教であると語る。ステレオタイプについては、綾部真雄編『私と世界』（二〇一七年）第四章「差別」（石田慎一郎執筆）も参照。

表象とは何か？

筆者が世界のいくつかの地域で調査をしていて驚かされるのは、現在はこれほど情報網が発達した社会であるのに、他国／他集団をめぐる知識や印象がしばしば偏っていることである。海外では、日本人はいつも魚や寿司を食べ、桜を愛で、富士山の麓に住み、相撲や歌舞伎を好み、女性はいつも着物を着て美しく男性に対して従順である、といった紋切型の観念を耳にすることがある。逆に、日本の大学生に聞くと、中国人はいつもチャイナ服を着て、カンフーができ、ラーメンや焼き餃子や肉まんを好み、派手な装飾をあしらった建造物に住み、山水画のような雄大な自然（写真10）に身を置いていて、パンダがいる、といったイメージを抱いている人々が少なからずいるようだ。

このようなステレオタイプは、絵画、映画、アニメ、テレビゲームなどで視覚的に強調される。[**] もちろん、こうした紋切型の観念は事実無根であるわけではない。確かに中国にはチャイナ服、ラーメン、焼き餃子、肉まんがあるし、派手な装飾をあしらった建物、山水画のような雄大な自然、そしてパンダが存在する。だが、中国ではチャイナ服は一般的な日常着ではないし、カンフーができる中国人は少数である。ラーメンや肉まんは中国北部を中心とする食であるし、山水画のような自然やパンダは中国の一部の地域にしか分布していない。また、中国の餃子は水餃子が主体である。こうした紋切型のイメージは、異なる時間と空間の部分的な事実をとりだし、それらを混ぜ合わせてつくったものである。

このように部分的な事実を組み合わせてステレオタイプをつくりだす技法を、人類

＊＊例えば、テレビゲーム『ストリート・ファイターⅡ』に登場する格闘家は、各国のステレオタイプを顕著に表している。また、二〇〇八年にアメリカで公開された『カンフー・パンダ』の舞台はカルスト形の山や建築がたびたび登場する。

写真10　中国雲南省・石林のカルスト地形（二〇〇一年　撮影：河合洋尚）。石灰岩でできた凹凸状のカルスト地形は、水墨画の描写対象となってきた。「中国南方カルスト」の名称で世界自然遺産に登録されている。

学では**表象**（**representation**）という。表象とは、もともと「心に思い浮かべられる意識やイメージ」を指していた。しかし、一九八〇年代以降、集団の一部の「事実」を全体化し、その集団を代表するイメージ（ステレオタイプ）をつくりあげていく技法として使われるようになった。

表象により描かれる「他者」の世界は、しばしば大阪、青森、日本、中国、民族自治区といった地域や国を基本的な枠組みとしている。その枠内では、先ほど述べたように、異なる時間と空間の事象が一緒くたにされて描かれる。描き手は、一部の「事実」を題材としてとりあげ、特定の意図に沿って「他者」のイメージを描き出しているのである。だから、表象の研究は、誰が描き手であり、彼／彼女がどの「事実」を選び出し、どのような意図に沿って描き出すのかを問題とする。そして、その意図には、後述するように権力が介在しがちである。

2　「他者」を想像し、文化を創造する

表象の問題は、人文・社会科学にとっても他人事ではない。海外の文化を主要な研究対象としてきた人類学は、特にそうである。人類学は長い間**文化相対主義**の立場をとってきた。文化相対主義とは、世界各地に住む各民族集団には独自の文化があり、それぞれの文化には優劣がないとする思想である。例えば、日本の文化とケニアに住むマサイ族*の文化は異なるが、一見して「奇妙」にみえるマサイ族の文化にも現地の文脈で重要な機能や役割があると考える。この思想は、異文化を尊重し、異文化で生活する人々に立脚する視点を与えた点で重要である。だが、文化間の違いばかりを強調すると、

＊ケニア南部からタンザニア北部に居住するアフリカの先住民族。日本では異様に高い身体能力と視力をもち、ライオンを狩るなど、「特殊な」能力をもつ民族としてイメージされることが少なくない。

異民族の異質な部分ばかりがとりあげられ、「歪んだ他者イメージ」を捏造することになりかねない。

一九八〇年代半ばになると、アメリカの人類学界では、「他者の文化を書くこと」の正確さが問題とされるようになった。人類学者がフィールドワークを通して観察することのできる事象は、その民族や地域の規模からするとわずかにすぎない。もし海外の人類学者が日本で数年間の観察をおこなっただけで、日本人の生活実践を「日本文化」として均質的に説明したならば、われわれには違和感しか残らないであろう。日本人、さらには大阪人、沖縄人の文化などといわれても、そこに住む人々は多様なルーツ、経験、価値観をもっているわけだから、地域の枠組では一概に語れない。** アイヌの人々などの民族集団を対象としても同様のことがいえる。筆者個人を考えても、両親は愛知県出身で、神奈川県に生まれ、幼稚園から大学までを阪神間で暮らし、大学院から東京へ行き、その後計七年余りを中国で過ごした。再び日本に戻ってからも毎年、環太平洋を中心とする世界各国を飛び回っている。だから、筆者は日本のどの地域の人間であり、どこの文化を基盤としているのか、自分でも分からない。地元で生まれ育ち海外へ行ったことがないという人でも、さまざまな出身の人と交流し、テレビやインターネットを通じて日本を超えた情報を得ることができる。こうした現実を念頭に置くと、かつてアメリカの人類学者であるルース・ベネディクト***(Ruth F. Benedict)が『菊と刀』(一九四六年:英語初版)で論じたような、「日本人とは〇〇である」という決めつけは、もはやできないだろう。ベネディクトのいう日本文化は、日本の多様かつ複雑な現実を反映しているというよりは、アメリカ人である彼女が自国とは逆の鏡像として頭のなかで描

**長期のフィールドワークをおこなった人類学者のなかには、〇〇文化というように、文化の概念を使うことに慎重になっていた研究者もいる。

***詳しくは、岸上伸啓編『はじめて学ぶ文化人類学』(二〇一八年)収録の「ルース・フルトン・ベネディクト」(沼崎一郎執筆)を参照。

き出したイメージにすぎない。*

ベネディクトの盟友であるマーガレット・ミード**（Margaret Mead）も、研究対象とする集団の文化をあまりに単純化していたと批判される人類学者の一人である。その舞台は南太平洋に位置する島嶼国・サモアである。ミードは、『サモアの思春期』（一九二八年：英語初版）で、サモアの思春期の少女が性に奔放であると論じた。この著書は、サモア社会に対するアメリカ人のイメージを形成する一助となったともいわれる。だが、ニュージーランドの人類学者デレク・フリーマン（Derek Freeman）はサモアにおける調査を通して、サモアの少女が性に奔放であるという結論は、現地の実態を過度に単純化していると批判した。サモアの思春期の少女のうち異性体験があるのは半数に満たないにもかかわらず、ミードは、アメリカと異なる極端なサモア社会のイメージを描き出したというのである。***この批判は、人類学者が「他者の文化を書く」ことの恣意性について、多くの議論を呼び起こすきっかけとなった。

これまでの話に戻ると、「日本文化とは○○である」「サモア文化とは△△である」という語りは、一種の表象である。つまり、人類学者は、フィールドワークで見つけた都合のいい「部分的事実」を選び出し、それを紙に書いて並べることで、「他者」のイメージをつくりだしてきた。だから一九八〇年代半ばになると、人類学者が描いていた文化とは、実際のところ調査地の人々の生活様式を表しているのではなく、研究者自身が表象を通じてつくりあげてきた「他者イメージ」にすぎないのではないかという議論がまきおこったのである。****これを**文化表象問題**または**文化表象の危機**と呼ぶ。*****

＊ルース・ベネディクトは、日本を「恥の文化」、アメリカを「罪の文化」として対比している。『菊と刀』の再読については、桑山敬己『ネイティヴの人類学と民俗学』（二〇〇八年）の第七章「民族誌の逆さ読み」が参考になる。

＊＊詳しくは、岸上伸啓編『はじめて学ぶ文化人類学』（二〇一八年）収録のマーガレット・ミード」（山本真鳥執筆）を参照。

＊＊＊デレク・フリーマン『マーガレット・ミードとサモア』（一九九五年）を参照。フリーマンがミード批判をおこなったとき、当のミードはすでに他界していた。だが、ミードを支持する人々がフリーマンのデータは逆に信憑性に欠けると批判し、「ミード＝フリーマン論争」と呼ばれる有名な論争を引き起こした。

＊＊＊＊アメリカの人類学者ロイ・ワグナー（Roy Wagner）は、文化研究とは現地の人々の研究ではなく、研究者自身の研究であると主張している。文化は「他者」のなかにあるのではなく、「自己」の頭のなかにあるというのである。詳しくは、ワグナー『文化のインベンション』（二〇〇〇年）を参照のこと。

3　紙から景観へ

景観問題の人類学は、文化表象問題の批判的継承に端を発している。換言すると、この潮流は、人類学のキーワードである文化の概念そのものを再検討することで、人類学の新たな可能性を見出そうとしてきた。

繰り返すと、長い間、人類学は「他者の文化を書く」ことが仕事であると考えられてきた。しかし、文化表象問題以降、文化という概念を使うことを躊躇する人類学者も現れるようになった。****** 第一章でみた景観実践の人類学も、〇〇地域の文化や△△族の文化というカテゴリー化を放棄することからはじめている。それに対して、本章で扱う潮流は、文化の概念を放棄せず、文化を「観察者が生み出した他者イメージ」として措定している（本書の文化もこの定義に従っている）。

景観と文化表象

すでに述べたように、景観の概念は、景観画に代表されるように、「外部の描き手が特定のまなざしから土地を描き出す技法」として発展してきた。景観画は、描き手が自らの意志で土地とそこにいる人々などを選び出すことで、そこのイメージをつくりだす。芸術家が描く景観画と人類学者が書く民族誌は、表象を通して外部から「他者」のイメージをつくりだす点で類似している。******* ここでさらに一歩踏み込んで考えていきたいのは、景観画で描き出された「他者イメージ」が、消費や展示を通じて、しばしば人々の間に浸透してきたことである。つまり、景観画は、「他者」をめぐるイメージを紙（キャ

*****文化表象の危機問題をクローズアップした代表的な著作は、マーカス＆フィッシャー編『文化批判としての人類学』（一九八六年、日本語版は一九八九年）、クリフォード＆マーカス編『文化を書く』（一九八六年、日本語版は一九九六年）である。

******特に存在論人類学は、文化ではなく、ネットワークやパースペクティズム（perspectivism）などの概念を用いて、人々の実践・観念を考察している。

*******ただし、後述するように、景観をめぐるイメージは、民族誌家だけでなく、行政、企業、マス・メディアなどによっても生成される。

ンバス）で表すだけでなく、そのイメージを現実社会へと物理的に転換していく可能性を秘めている。

　フランスの画家であるポール・ゴーギャン（Paul Gauguin）を例に挙げてみよう。一九世紀末、ゴーギャンはフランスから南太平洋のタヒチにわたり、そこの人々の装いや暮らし、自然を描き出した。ゴーギャンの絵画は、ある意味で人類学者が書く民族誌に似ている。彼の絵は、「他者」をめぐる生活様式やその背景をめぐる描写に満ちあふれているからである。ゴーギャンは、文明化の波により疲弊したフランスとは異なる鏡像として、南国の「楽園」タヒチを描いた。そして二一世紀現在、ゴーギャンの描いた絵画は、われわれが思い描くタヒチのイメージの一部を形成するようになっている。*ゴーギャンの絵画はタヒチの美術館でも展示され、その絵をモチーフとするグッズがタヒチの土産物店にあふれている。旅行会社は、観光客が抱くタヒチのイメージを察知し、ゴーギャンが描いた景観をまわるツアーまで企画している。彼の絵画はもはや紙の上にだけとどまらず、そこに住む人々や観光客のイメージにまで浸透している。

　ここで着目したいのは、景観画は、生産―消費のサイクルにとりこまれることで、現実社会の景観を実際につくりだしてきたことである。先述した文化表象問題は、あくまで人類学者のような外部の観察者が「他者の文化を書く」技法を批判・反省する議論にとどまっていた。だが、景観人類学は、その議論をさらに一歩進める。すなわち、政府や企業などの主体が、観察者によって描かれた「他者イメージ」（＝文化）を資源として利用し、それを環境に付与するプロセスを研究対象とする。**ここでは、観察者が「文化を書く」だけでなく、政府や企業などが**「文化を読む」**ことが重視されている。

＊ゴーギャンの絵には、褐色の肌に、赤い生地に白い花柄が入ったパレオをまとい、耳に花をはさんだ少女がでてくる。この少女のイメージはタヒチの景観デザインの一部となっている。

＊＊James, Hockey, Dawson eds. *After Writing Culture* (1997) を参照。この論文集ではロバート・レイトン（Robert Layton）による景観の議論も収録されている。

写真11　タヒチの街（二〇一八年　撮影：河合洋尚）。タヒチには日本人観光客も多い。

その第一歩としてまず研究対象となるのは、「文化を書く」主体となる科学とその権力性である。文化表象問題で論じられてきたように、科学は必ずしも価値中立的ではない。それどころか「他者イメージ」をつくりだす母体ともなる。

中国をみるとしよう。一九四九年の中華人民共和国成立以降、この国は社会主義の体制をとっている。社会主義***は、カール・マルクス（Karl Marx）とフリードリヒ・エンゲルス（Friedrich Engels）の思想に基づくが、彼らに理論的影響を及ぼしたといわれるのが、人類学者ルイス・ヘンリー・モーガンの社会進化論である。モーガンは、人類が「未開→野蛮→文明」の段階を通して発展していくと考えた。そして、その最も進んだ文明の形態こそ社会主義であると想定した。中国は五六の民族より構成される。その約九二パーセントを占める民族が漢族であり、残りの約八パーセントが少数民族である。中国の社会科学は、社会進化論の観点から、中国の各民族が「未開→野蛮→文明」のいずれかの段階にあると考えてきた。そのうち、漢族は文明の段階にあるが、多くの少数民族は「未開」か「野蛮」の段階にとどまっていると想定している。だから、アニミズム****やシャーマニズム*****のような「原始的」とみなされる信仰は、漢族社会では「ありえない」が、少数民族社会にはまだ偏在するとみなしている。

こうした科学的知見は景観の創出にも影響を与えてきた。一般的に中国の人文・社会科学では、中国の五五の少数民族や漢族のサブ集団が独自の文化をもっていると考える。これは基本的には人類学の文化相対主義に基づくものである。ただし、先述した

***社会主義とは、生産手段の大多数を公的に（一般的には国家が）所有する思想・運動である。資本主義の矛盾が私的財産制にあると指摘し、それを廃した平等な社会をつくりあげることを理念とする。一九二二年にソビエト社会主義共和国連邦（ソ連：現ロシア）が成立した後、東ヨーロッパで次々と社会主義国が誕生した。しかし、一九九〇年前後、ソ連や東ヨーロッパでは、社会主義が次々と崩壊した。中国では、一九四九年から現在に至るまで社会主義体制を維持している。ただし、一九七八年の改革開放政策で市場経済を一部導入すると、一九九二年には「社会主義市場経済」を唱え、実質的には社会主義と資本主義を並存させた体制をとっている。

****人間だけでなく自然や所有物などの全てに魂が宿るとする思考体系。

*****あの世とこの世を交信する霊媒師（シャーマン）を中心とする信仰形態。「巫術」などとも訳される。中国の少数民族地域では、シャーマニズムは排除の対象になるどころか、観光資源となることすらある。

一般的な文化相対主義と異なるのは、第一に、漢族と少数民族は発展段階が異なるため、各々の文化には優劣があるとみなされる点である。第二に、どの民族も「中国人」として、同じ中華文明の要素を一部共有しているとみなす点も異なる。[*] もちろん中国の全ての人文・社会科学がこうした前提に基づいているわけではなく、内部で批判もある。だが、概説書、博物館展示、メディアの報道など「公的な」媒体においては、やはり各民族固有の特徴が強調される傾向が強い。

この種の科学的知見は、中国で民族文化を資源とする景観をつくる基盤となる。[**] 研究者は、ある民族の文化を描き出す時、史料や現地調査から一部の「事実」を拾い上げて、それを民族固有の特色として強調する。中国雲南省のハニ族を例にとると、この民族がもともと住んでいた家屋は実に多様である。しかし、二一世紀に入る頃から、「蘑菇房」（キノコハウス）というキノコの形に似た茅葺屋根の木造家屋が、ハニ族の特徴的な住まいとして選ばれた。この家屋は、形状が特徴的であるだけでなく、素材が質素であるため、ハニ族がまだ文明の段階に到達していないことを暗に示している。そして、ハニ族の居住地である紅河地区では、地方政府や企業の関係者が「ハニ族の建築文化＝キノコハウス」というイメージを読み取り、キノコハウスを保護または新設しはじめた。芸術家やメディア関係者がハニ族と関連する絵画や映画を製作するときも、キノコハウスがよく選ばれる。その一方で、キノコハウスではない他の種類の伝統家屋が次々と壊されてきた。[***]

科学による表象が景観をつくりだす状況は、中国だけに特殊なわけではない。次節でみるギリシャでも考古学が景観を「保全する」ゲートキーパーとなっている。また、

写真12　中国雲南省元陽県箐口村のキノコハウス。伝統的な形状を残しつつ壁をセメント仕様にかえている（二〇一七年　撮影：阿部朋恒）

＊中国の各民族が、一方で多様な文化をもち、他方で同じ中華文明の要素をもつという思考体系を「中華民族多元一体構造」という。中国の人類学者である費孝通が提唱した。

＊＊中国の人類学やその隣接領域は、基本的には自国の民族集団を研究対象とする。ただし、民族文化を描き出す研究者は、その民族集団の出身とは限らないため、やはり往々にして「他者イメージ」となる。自民族出身の研究者が描き出す時、ある意味で「自己イメージ」となるが、彼等の民族文化観が必ずしも地元の住民それを代表するわけではない。

衛生地図や航空写真という技術を駆使することで、民族や地域の景観を表すという事例も報告されている。[****] このことについて、中東に位置するイスラエルの事例を挙げてみよう。イスラエルの大多数はユダヤ教を信じるユダヤ人であるが、この国にはイスラームを信じるアラブ人やキリスト教徒もいる。それにもかかわらず、国家とつながりのあるイスラエル自然保護団体は、この国がユダヤの地であることを強調してきた。そのために、この団体はＮＡＳＡの航空写真をもちだし、隣国のエジプトは黒羊の自由な放牧により殺風景になっているが、イスラエルには約二五〇〇の植物種があることを説明する。こうした対比を通して、同団体は、イスラエルがユダヤ教により守られた、「正しい」景観であることを示してきたのである。[*****]

二　世界の景観問題

1　ナショナリズムと景観問題

複数の民族や宗教から構成されるイスラエルのような国で、ユダヤとしての景観を強調する動きは、ある意味で**ナショナリズム**と連動している。ナショナリズムとは「政治的な単位と文化的・民族的な単位を一致させようとする思想や運動」を指す。[******] イスラエルの場合、イスラエル国という政治的単位とユダヤ教・ユダヤ人という文化的・民族的な単位を一致させ、その他を排除しようとする動きであるといえよう。ナショナリズムは、世界各地でその国の特徴的な景観をつくる動きを先導してきた。東ヨーロッパに位置するギリシャのアテネは、その一例である。

＊＊＊孫潔「雲南省元陽棚田地域における景観とその資源化」（二〇一九）を参照。

＊＊＊＊小林誠「地図と景観の現在」（二〇一六）を参照。

＊＊＊＊＊ Hirsch and O'Hanlon eds. *The Anthropology of Landscape*（1995）収録のセルウィン（Tom Selwyn）論文を参照。

＊＊＊＊＊＊ナショナリズムの定義はさまざまであるが、本書はアーネスト・ゲルナー『民族とナショナリズム』（二〇〇〇年）の定義を援用している。

ナショナリズムとアテネの景観「保護」

ギリシャでは古くから文明が栄えてきた。古代ギリシャには、アテネやスパルタなどポリスと呼ばれる都市国家が割拠していた。なかでもアテネは古代からギリシャの中心として機能してきた。ギリシャは一四五三年にオスマン帝国の配下に入ったが、一八三〇年にギリシャ王国として独立した。ギリシャは、独立してから列強三国（イギリス・フランス・ロシア）の庇護下にあったが、一九世紀後半になると古代ギリシャ文明を核とする「純ギリシャ主義」を推し進めた。それにより、ギリシャにおけるオスマン帝国や不法移民の遺産が、排除の対象となっていった。

　ギリシャの首都アテネには、パルテノン神殿など古代ギリシャ文明の遺跡を残す、アクロポリスという小高い丘がある。アクロポリスは一九八七年に世界遺産に登録された。その麓には、一八六〇年代にエーゲ海のアナフィ島から移住した石工により違法につくられた、アナフィオティカという集落がある（写真13）。この集落は、地元の歴史的景観とは「不似合いな」家や路地で構成されている。前述のように、一九世紀末のギリシャでは、「純ギリシャ主義」をモットーとするナショナリズムが顕著であったから、アナフィオティカは絵画的に「異質」な存在としてみられた。そして、アクロポリスがギリシャ的な景観を保っているか科学の権威でもって価値判断を下してきたのが、考古学である。ギリシャ人の考古学者は、アナフィオティカが「純粋」なギリシャの景観を「汚す」存在であると判断し、一八八三年にはその集落の移転を政府に申し出た。*

　視点を変えると、考古学者は、パルテノン神殿など古代ギリシャの遺産をギリシャ的な文化として、アテネという空間をその文化的意味で塗りかえようとしてきた。景

写真13　アナフィオティカの集落（二〇一〇年　撮影：河合洋尚）。アナフィオティカの集落は、アクロポリス東北方向の麓にある。この写真上方の小高い丘がアクロポリスである。この集落は、エーゲ海・キクラデス諸島特有の白い建物から構成されている。その建築様式は、アクロポリスとその麓の他の建物とは一風異なっている。アナフィオティカの集落に足を踏み入れると、エーゲ海の島に来たかのような感覚に陥る。

＊ Bender and Winner eds. *Contested Landscape*（2001）収録のカフタンゾグロウ（Roxane Caftanzoglou）論文を参照。この論文によると、一九九〇年代になるとアナフィオティカは、アテネ内部の特色ある景観として観光の対象となった。

観人類学はしばしば、国家や都市や保護区など政治的に境界づけられた領域を〈空間〉（**space**）と称する（以下、その意味における空間概念をカッコ付きで表す）。そして、この〈空間〉には文化的なイメージが投影される。アテネは純ギリシャの〈空間〉であり、イスラエルはユダヤの〈空間〉であるというように、一つの〈空間〉に一つの文化があると想定されるのである。その反面、イスラーム風などの「異質な」要素は、排除の対象となる。〈空間〉には政治・経済・科学の権力により選ばれた文化的意味（例えば古代ギリシャ文化やユダヤ文化）が込められ、それが建築、道路、自然などで物的に表されることで、イデオロギー色の濃い景観がつくられていくのである。** この種の景観は、第一章で扱った人間―環境の相互作用により生成される景観とは、明らかに質が異なる（後述する外的景観の概念に近い）。

＊＊景観人類学において空間の用法や定義は同じではない。ただし、この分野ではフランスの哲学者アンリ・ルフェーヴルの影響を受け、ますます空間を「権力者により統治される領域」として捉えるようになっている。本書で用いる空間の定義については、河合洋尚編『景観人類学』（二〇一六年）の序論に詳しい。

競合する景観

話が複雑になってきたので、本書の冒頭で説明した景観の定義に戻るとしよう。繰り返すと、景観とは「人間の記憶、意味、行為が埋め込まれた環境」を指す。環境とは、人間の周囲をとりまく物質的存在であり、原子記号により構成される世界である。人間はそこにさまざまな記憶や意味を付与することができる。

写真14を見ていただきたい。これはモンゴルやチベット地域へ旅行に出かけるとよく見かける、石を積み上げてつくられた物体である。では、何のために石を積んであるのだろうか。ただの子供の遊びだろうか。それが何を意味するか分からなければ、旅行者は何の変哲もない環境として通りすぎるだろう。旅行者によっては、そこにゴ

写真14　チベット地域のオボー（二〇一一年　撮影：河合洋尚）

ミを捨てたり、崩してみたりするかもしれない。だが、そこで暮らす人々にとって、それは単なる環境ではない。この石積みはオボーと呼ばれ、モンゴルやチベットの人々にとっては神聖な祭祀場である。もし旅行者が何も知らずオボーを壊したら、現地の人々とトラブルになるかもしれない。

景観人類学は、こうした景観をめぐる軋轢を、専門用語で**競合**（**contestation**）と呼んできた。この概念を早くから景観研究の分野で広めてきたのが、考古学出身のバーバラ・ベンダー（Barbara Bender）である。ベンダーは、イングランドのストーンヘンジを題材とし、それが小作農、地主、キリスト教会により異なったまなざしから、歴史的にとらえられてきたと主張する。中世においてその付近の小作農は、ストーンヘンジが「病気を治し子供を授ける石」であるとみなしてきた。それに対して、キリスト教会はそれを「悪魔の石」と形容し、小作農を遠ざけ、それを占有しようとしてきたのだという。* ベンダーは、『景観——権力とパースペクティブ』（一九九三年）や『競合する景観——移動・亡命と〈場所〉』（二〇〇一年）といった英語論文集を、人類学者との協働で出版した。** これらの論文集では、異なる経験や記憶をもつ人間集団がさまざまに環境を意味づけ競合する過程について、世界各地の事例から描き出されている。

2　グローバリゼーションと景観問題

景観人類学の競合論においておそらく最も注目を集めてきた研究対象が、移民、観光客、亡命者、巡礼者などの移動する人々である。*** 近年、交通網や情報網の発達にともない、**グローバリゼーション**が加速している。**** グローバリゼーションとは何であるか

*ストーンヘンジは、アーサー王伝説に登場する魔法使いマーリンが、巨人を使って築いたという伝説がある。ストーンヘンジの外観については、第一章の写真7（23頁）を参照。

**Bender（1993）および Bender and Winner（2001）を参照。

***本書は巡礼者についてとりあげていない。巡礼者による景観の競合については、安田慎「セルフィーが生み出す景観」（二〇一六）を参照。この論文では、サウジアラビアのメッカ（マッカ）をめぐる現地政府と巡礼者の間の景観の違いについて述べている。

は論者により一定していないが、本書は「人、金、技術、情報などが国境を越えて地球規模で動くこと」ととりいそぎ定義しておく。そうすると、人、金、技術、情報は古来より国境を超えて動いてきたわけであるから、グローバリゼーションは現代社会に特有な現象というわけではない。ただし、交通網や情報網の発達により、かつて考えられないほどの速さで、移住や仕事や観光などで国境を越えて移動する人々の数が増加していることは、否定しがたい事実である。これまで景観人類学は、グローバリゼーションが景観の競合の要因の一つとなってきたことも指摘してきた。次にエジプト第二の都市であるアレクサンドリアに舞台をうつしてみよう。*****

アレクサンドリアの景観をめぐる競合

アレクサンドリアはマケドニアの王であったアレクサンドロス三世（アレクサンダー大王）によって紀元前三三二年に建設された。紀元前三〇年にローマ帝国の支配下に入ると、キリスト教の一派であるコプト教会******がつくられ、七世紀からはアラビア人勢力が管轄するところとなった。今でもアレクサンドリアの主要な宗教はイスラームである。こうした歴史的経緯のもと、二〇世紀後半になると、アレクサンドリアの都市イメージをめぐるせめぎあいが始まった。

まず、国連組織であるユネスコやエジプト政府は、アレクサンドリアを「古いヨーロッパの植民地都市」であるとするイメージを広めてきた。一九七九年にはキリスト教（コプト教）巡礼地であるアブ・メナが世界遺産に登録された。さらに、一九八六年より政府はユネスコとの協力のもとで、新アレクサンドリア図書館の建設に着手した。*******アレク

****グローバリゼーションは「グローバル化」ともいう。綾部真雄編『私と世界』（二〇一七年）の第一章「グローバル化」（綾部真雄執筆）も参照のこと。

*****アレクサンドリアの事例については、Bender and Winner eds. *Contested Landscapes* (2001) 収録のバトラー (Beverley Butler) 論文を参照。

******コプト正教会ともいう。コプトは、エジプトを意味するギリシャ語に由来するといわれる。現在のエジプトでも少数派ではあるがキリスト教徒がおり、その多くはコプト正教会に属す。

*******この図書館は二〇〇一年にオープンした。

サンドリアの図書館はアレクサンドロス三世の部下でもあったプトレマイオス一世（在位：紀元前三〇五―二八二）が建設し、ヨーロッパ文明の知識の源泉になったといわれるが、七世紀にアラブ人がここを占拠したときにはすでになくなっていた。だが、一九八〇年代になると、アレクサンドリアが「古いヨーロッパの植民地都市」であるというイメージを体現する景観として新たに建設されることになった。アレクサンドリアが「古いヨーロッパの植民地都市」であるとみなしてきた主体には、各国の考古学者のほか、第二次世界大戦後にギリシャから亡命してきた作家たちも含まれていた。学者と作家がともにアレクサンドリアという〈空間〉からヨーロッパ的（ギリシャ的、キリスト教的）な要素を拾い出して、都市景観をめぐるイメージをつくりだしてきたのである。彼らの表象は、アレクサンドリアの景観を古代に遡及して結びつけようとする政府の意図と親和的であった。観光客のまなざしも、こうした景観のイメージを強化する一因となった。

しかし、こうした古代景観への逆行は、アラブ人、特に一部のイスラーム過激派の神経を逆なでしたという。＊ 彼らは、学者、作家、政府が「異教徒」の歴史をたどり、それを基盤として「古いヨーロッパの植民地都市」としての景観をつくることに反感を抱いた。それを象徴する記念碑などを破壊するなど、挑戦的な態度を表明するまでにもなった。さらに、アレクサンドリアの景観をめぐる競合は、「古代ヨーロッパ的な景観」vs「現代アラブ＝イスラーム的な景観」という二元的な対立に還元されない。アフリカ西部にあるセネガルの政治活動家は、オベリスク（古代エジプトの記念碑）を重視し、この景観を前植民地期の汎アフリカ主義と結びつけて表象した。このように景観は、「国家」vs「住民」だけでなく、多様な背景をもつ学者、作家、活動家などが競合する対象となっ

＊イスラームでは偶像崇拝が禁止されている。絵を描いたり像をつくったりすることも偶像崇拝と関連するため、絵画や彫刻の美術が発達してこなかったといわれる。

写真15　新アレクサンドリア図書館（二〇一七年　撮影：末森薫）。この図書館は現地で「ビブリオテカ・アレクサンドリーナ（Bibliotheca Alexandrina）」と呼ばれている。

てきた。

フードスケープ――食景観の形成

移動者は定住者と異なる経験や記憶・価値観をもつため、景観をめぐる軋轢を起こしやすい。それゆえ、グローバリゼーションの拡張により、景観をめぐる競合もいっそう顕著になる。ただし、当然ながら移民はトラブルばかりおこすわけではなく、現地における文化的イメージを借用し、それを景観としてつくりだすことがある。中華街はその典型例である。

日本でも欧米でも東南アジアでも中華街といえば、下の写真16のように、豪華な中華門（牌坊）があり、中華提灯が吊るされ、祝祭日になると獅子舞が催されるような景観が思い浮かべられる。また、多くの中華街ではレストランや雑貨店が立ち並び、肉まんや餃子、チャイナ服、パンダの土産物などが売られている。一般的に中華街は、海外へ移住した中国人が集住することでできたコミュニティーであると考えられている。だが、中国人が集まったからといって、右記のような景観が自然にできあがるとはかぎらない。** このような中華街の景観は、本章の冒頭でみたような、外国人が表象する「想像された」中国である。例えば、日本の中華街では天津飯、天津甘栗、広東麺、ちゃんぽん、パンダまんなどが売られているが、これらはもともと中国にはない日本の創作料理である。また、中華街の景観は、現地の非中国人との協働によってもつくられることがある。*** つまり、中華街とは、現地における中国人への他者イメージを逆利用して想像／創造された景観である。

写真16　南半球最大規模を誇るオーストラリア・メルボルンの中華街（二〇一三年　撮影：河合洋尚）

**中国人が多く集まっているにもかかわらず「中華街」と呼ばれなかったり、中国人が少ないのに「中華街」と呼ばれていたりする現象は、いまや珍しくはない。椿原敦子「移民と／移民の景観」（二〇一六年）によると、アメリカ・ロサンゼルスのイラン移民街も同様のようである。

***辺清音「都市空間におけるチャイナタウンの再開発」（二〇一八年）を参照。

　さて、中華街の景観形成においてもう一つ注目したいのは、食がもつ役割である。中華街には必ずといっていいほど中華レストランがあるが、すでに述べたように、そこで提供されている料理が中国の故郷にあるわけではない。日本の麻婆豆腐が本場四川の味に比べると「辛くない」ように、同じ料理でも味がかわっていることもある。では、なぜ中華街の中国料理はしばしば本国のそれと異なるのだろうか。それは、中国系移民が異国で生き残るための戦略とかかわっている。中国から世界各地へ移住した人々は、移住先で金を稼いで居場所を確保するため、現地の人々の味覚やイメージに合った「中国料理」を新たに発明する。また、現地の人々が想像する中国イメージを逆利用して、店員がチャイナ服を着たり、店舗の内装を「中国らしく」デザインしたりする。このようにして食を媒体としてつくられていく景観を**フードスケープ**（**foodscape**）という。

　フードスケープとは何かについて、人類学の内部ですら統一した見解はない。だが、筆者は、この概念には大きく分けて二つの段階があるのではないかと考えている。第一は「食をめぐる特定のイメージとその形状をつくる」段階であり、第二は「そのイメージを用い環境（店舗・街並みなど）を意味づけていく」段階である。具体例を挙げると、第一の段階は、「たこ焼き＝大阪料理」「天津飯＝中国料理」というように、食が地域や民族の特色と結びつく過程を指す。そのうえで、たこ焼きの看板を掲げたり天津飯の食品サンプルを店頭に置いたりすることで、地域／民族の特色ある景観をつくりあげていくのが第二の段階である。[＊] グローバリゼーションの拡張により、世界各地で日本人街、イタリア人街、メキシコ人街などが形成されている。これらのエスニック・コミュニティーを形成する資源の一つは、言うまでもなく食である。移住先の「他者イメージ」

＊海外の日本料理店では、富士山、相撲、歌舞伎、着物をまとった女性などの「紋切型の日本文化」で店舗をデザインしていることがよくある。

写真17　東京・浅草寺の景観（二〇一九年　撮影：河合洋尚）。「紋切型の日本文化」は、外国人観光客の多い日本の観光地でも景観デザインとして利用されている。

を逆利用することでいかにエスニック・コミュニティーの景観が立ち現れているのかを解読するために、フードスケープは重要な概念・切り口となっている。＊＊

3　観光・開発と景観問題

とはいえ、「他者」の環境への意味や行為を尊重しないことが原因となり、これまで多種多様な軋轢が生み出されてきたことも確かである。本章は、すでにいくつかの事例を挙げて景観をめぐる諸々の競合、すなわち景観問題を生み出してきたことをみてきた。次に検討したいのは、観光と開発がもたらす問題についてである。

景観問題はわれわれにとってもよそ事ではない。身近にある問題である。われわれが海外へ観光に行きそれとなくおこなったことが、景観問題の火種になることもある。ゴミを捨てたところが現地の村落の聖地であった、落書きをしたところが現地の文化財であった、などということもありえる。

オーストラリアの先住民問題と景観問題

オーストラリア中部のエアーズロックは、観光客による景観問題がたびたび発生してきた観光地としても有名である。エアーズロックは、一八七三年にイギリスの探検家ウィリアム・ゴス（William Gosse）が発見した巨大な一枚岩である。「地球のヘソ」とも呼ばれ、太陽の動き、時間の経過により刻々と色が変わる美しい自然であるとして、一九八七年、世界遺産に登録された。多くの観光客にとって、エアーズロックは美しく神秘的なイメージが込められた景観である。だが、そこに住むアボリジニーの一部族・

＊＊人類学でおそらく最初にフードスケープの概念を体系化したのは、シルビア・フェレーロ（Sylvia Ferrero）である。彼女は、ロサンゼルスのメキシコ移民が、いかにアングロ・サクソン人の味覚やイメージに合う新たな「メキシコ料理」を創造し、店舗の内装を「メキシコ風」にデザインしてきたのかを述べている（Ferrero 2002）。

写真18　エアーズロック（ウルル）
(Photo by David Svensson)

アナング族は、観光客とは異なった視点からエアーズロックをとらえている。アナングの人々にとっては、そこはウルルと呼ばれる聖地なのである。第一章で、アボリジニーにはドリーミングという天地創造の神話があり、それに連なる物語が〈場所〉に刻まれていることを述べた。ウルルもまたドリーミングの舞台であり、そこにある土地、動物、植物などは創世神話の一部である。

ウルルはいまオーストラリア有数の観光地の一つとなっている。一九八五年一〇月にはアナング族に土地所有権が返還され、ウルル＝カタ・ジュタ国立公園として九九年間の借地契約が交わされた。アナング族は観光客が公園に入ることを禁止していないが、聖地であるウルルには登らないで欲しいと考えている。だがそれにもかかわらず、ウルルを登る観光客は跡を絶たない。そうした観光客の行為[*]はアナング族の怒りを買っている。[**]

言うまでもなく、登山をする観光客にとってのエアーズロックと、アナング族にとってのウルルは、異なる景観としてたち現れている。オーストラリアでは、ウルルのほかにもアボリジニーをめぐる景観問題が頻出した。そのこともあり、アボリジニーは、景観人類学で最も研究蓄積のある対象の一つとなっている。[***]歴史的には、ヨーロッパからの人々がオーストラリアに入植し、アボリジニーが住んでいた土地を占拠した。彼らはそこの土地を無機質な環境とみなし、占拠する土地の領域を定め、測定・分割し、区画の使い方を決め、開発を促進していった。換言すると、その土地は境界づけられ、意味づけられ、商品のようにやりとりされる〈空間〉となった。しかし、アボリジニーにとって土地は、人間が一方的に占拠し操作するものではない。人間と動植物と土地

* いったんウルルを登りはじめるとトイレがないので、そこで用を足す人もいた。

** 二〇一九年一〇月二六日よりウルルへの登山を禁止する法令が出された。だが、その前に登山して写真を撮ろうとする観光客が増え問題になった。

*** Strang, *Uncommon Ground*（1997）および Ucko and Layton eds. *The Archaeology and Anthropology of Landscape*（1999）に収録されているレイトン（Robert Layton）論文などを参照。

はドリーミングの論理によりつながっている。つまり、アボリジニーにとって土地は、歴史、思考、感情が埋め込まれ、彼らの身体と切り離せない〈場所〉である。それゆえ、ヨーロッパ人の〈空間〉開発は、アボリジニーの〈場所〉観としばしば軋轢をひきおこしてきた****。

インド西北部の開発問題と景観問題

開発の問題は、われわれにとってもやはりよそ事ではない。多国籍企業に勤め、海外で開発をおこなうことで、現地で大切にされてきた〈場所〉を知らぬ間に壊してしまうことさえある。国内外の企業による不用意な開発は、これまで多数の景観問題を生み出してきた。インド西部のラージャスターン州の景観問題*****はその一例である。

パキスタンに隣接するラージャスターン州にはタール沙漠がある。この沙漠は、観光客など外部の人々から、ラクダが群れをなして歩く、ロマンある景観とみなされてきた。同時に沙漠は「何もない不毛な」環境とみなされ、そこでラクダに乗って散策するキャメル・サファリが観光客の人気を博してきた。二〇〇一年、その沙漠にインドのある大手風力会社が風力タービンを建設した。企業にとって沙漠は「無」の環境であるかもしれない。だが、そこに住む人々にとってはまぎれもなく生活の記憶や価値観が埋め込まれた「有」の景観である。風力タービンの建設地は、栽培には適さない「不毛」の地であったが、地域住民にとっては女神が座す聖地であった。風力タービンの建設は、人々の信仰とかかわる景観を破壊するという問題をもたらした。

問題はそれだけではなかった。周知の通りインドは階層社会である。ラージャスター

****言うまでもなく、こうした観光に起因する景観問題は、オーストラリアだけでおこっているわけではない。例えば、沖縄の離島・久高島では、観光客が、現地で聖なる〈場所〉とみなされている御嶽（祭祀場）や海などに足を踏み入れ、問題になっている。たとえ現地で「立ち入り禁止」の看板を掲げられていても、観光客はSNSへの投稿を目的として、それを無視して聖地に入る。各々の集団が培ってきた〈場所〉の重要性を理解することは、景観問題を減少する第一歩となる。

*****小西公大「景観と開発のあいに生きる」（二〇一六年）を参照。

写真19　タール砂漠エリアに見られる女神の祠と風力タービン（二〇一四年撮影：小西公大）

ン州では、沙漠の土地を支配してきた王侯氏族集団（ラージプート）という旧支配者層がおり、そのもとで仕えてきたさまざまなカースト集団[*]などがいる。カースト制度の枠から外れた最下層の不可触民もいる。風力タービンが設置される前、多くのトライブや不可触民は、ロマンあふれる沙漠のイメージを利用し、観光客相手の商売をおこなってきた。だが、風力タービンの出現で環境が変化したことにより、彼らの利益は損なわれるようになった。他方で、王侯氏族集団は、州政府の与党・インド人民党の主要な支持母体であった。それゆえ、政府や企業により特権を与えられた彼らは、開発にともなう雇用や土地使用などの補償金により利益を生み出した[**]。それゆえ、王侯氏族集団にとって風力タービンは金のなる木であったが、それ以外の地域住民にとっては不利益を生み出す景観にほかならなかった。

このように開発は、単に地元の景観を壊すだけでなく、現地の人々の階層構造や対立構造を引き起こす原因ともなる。開発によって利害関係が生み出されることにより、そこで利益を得た人々と損害を被った人々によって、その新たな環境は異なるまなざしからとらえられるようになる。

香港の風水と開発問題

世界にはさまざまな種類の開発—景観問題がある。中華圏でたびたび生じている風水問題もその一つである。中華圏の風水は、日本のように家具や水晶の配置、ラッキーカラーなどをそれほど重視しない。最も重要であるのは墓の位置と形状であり、その次は村落や都市の環境である。第一章でも述べたが[***]、中国風水では、環境と人間が「気」

＊カーストとは、インドの主要宗教であるヒンドゥー教に則った身分制度を指す。バラモン・クシャトリヤ・ヴァイシャ・シュードラの四つの身分に大きく分けられ、この身分に属さない不可触民がいる。これらの身分は職業、結婚などを左右する。

＊＊風力タービンの建設は、騒音をもたらしただけでなく、幸運の鳥（スガン・チリ）が風力タービンにあたって死ぬなどの事故を引き起こした。

を通してつながっており、環境の状態が悪ければ人間の状態も悪くなると考えられている。また、祖先と子孫も「気」を通じてつながっている。だから、墓の風水が悪くなれば祖先の状態が悪くなり、祖先の状態が悪くなれば子孫の状態も悪化すると考えられている。数世代前の祖先の墓が悪くなればその子孫の全てに災いがもたらされるから、その災厄の範囲は少人数しか住まない家とは比べものにならない。村落や都市も住む人々が多いため、風水判断をする優先度が高い。

一八四二年にイギリスが香港を植民地化すると、風水を理由とする抗議が次々とおこるようになった。イギリス植民地政府が道路や鉄道を敷き、電柱を建て、公共施設を建てると、植民地時代からそこに住んでいた中国人住民（原居民と呼ばれる）は、自分たちの墓や村落が壊されたため、村民が病気になったり死んだりしたと苦情を寄せるようになったのである。**** そして原居民は、墓や村落の風水を回復させる儀礼をとりしきるための賠償金を要求してきた。その金額は日本円にして年に数億にものぼったといわれる。イギリス植民地政庁にとって、人間の健康と環境の「健康」は別物であった。だから当初は風水を疑似科学とみなし、不合理な形で金銭を要求されていると考えていた。他方で、原居民にとって、環境は人間の身体の延長であり、両者を切り離すことができない（第一章を参照）。したがって両者は、香港の土地や建造物を異なる景観としてとらえていた。

ところが、一九七〇年頃からイギリス植民地政庁は、風水を「東洋の生態科学」であると肯定的に評価するようにもなった。イギリス植民地政庁の一部の役人は風水の理論を学習し、村民が「開発により村落の龍の指にあたる部分が切断された」と抗議すれば、

***風水とは何かについてはすでに第一章で述べているので、そちらを参照のこと。

****風水を理由とした開発反対は、一九九七年七月一日に中国へ領土返還されたあとの香港でもおこっている。

写真20　香港にあるマンション（二〇一四年　撮影：河合洋尚）。風水学でいう「気」の通り道（龍脈）を考慮して設計されたといわれる。マンションのみならず、オフィスビルや道路でも風水は考慮されている。

「切った部分は指ではなく爪であるから問題ない」などと反論していたという。さらに、イギリス植民地政庁のプランナーは、風水の原理を借用することで道路やニュータウンの設計をおこないはじめた。*

このように、住民には景観を捉える論理があるものの、それが政府や異民族と永遠に相容れないとはかぎらない。景観をめぐる人々のまなざしや実践は、状況により不断に変化していく。だから、「被支配者」vs「支配者」、「先住民」vs「白人」などと二元論的な図式ではとらえられないことも多い。**前者の景観が後者にとりこまれていくことがあれば、その逆もある。このことは強調してもしすぎることはない。***

三　文化遺産と景観保護

1　ユネスコと文化遺産制度

さて、本章はこれまで世界遺産にたびたび言及してきた。世界の文化遺産もしくは文化財にはさまざまなレベルがあるが、そのうち最も国際的な権威をもつのが、ユネスコの世界遺産（world heritage site）である。それでは、世界遺産とは何なのだろうか。

世界遺産とは何か？

まず世界遺産の認定機関である**ユネスコ**は、国際連合教育科学文化機関（United Nations Educational, Scientific, and Cultural Organization）の略語である。その頭文字をとってUNESCO（ユネスコ）という。第二次世界大戦が終結してまもない一九四六年に、国連の下部組織と

*聶莉莉・韓敏・曽士才・西澤治彦編『大地は生きている』（二〇〇〇年）収録の「租借地における風水と土地使用」（張展鴻・日野みどり執筆）を参照。風水は香港国際空港の建設を遅らせる要因になるなど、香港のインフラ建設および環境の形状に大きな影響を与えてきた。

** 近代西洋医学では、人間の健康と環境の「健康」は別物であるとみなされてきた。しかし、近年は人間の健康と環境の「健康」を別々に考えるのではなく連続的に考える、エコヘルス（eco-health）という分野も注目を集めるようになっている。風水は、人間と環境を連続的にとらえる東洋科学として、香港では早くから注目されていた。

***なお、景観問題の人類学の全ての研究が、国家や資本家などの「強者」VS地域住民などの「弱者」という構造を前提としてきたわけではない。異なる立場にある住民同士の競合について論じた研究もある。

して設置された。諸国民の教育、科学、文化の交流を通して、国際平和と福祉の充実を目指すのが、この機関の役目である。その役目のもと、一九七二年、ユネスコの総会で「世界の文化遺産及び自然遺産の保護に関する条約」（通称、世界遺産条約）が採択された。この条約に基づき、一九七八年には一二件の世界遺産が登録された。二〇二〇年三月現在、ユネスコに登録されている世界遺産は一一二一件ある。

　世界遺産にはいくつかの種類がある。その出発点となったのは、世界遺産条約の正式名称にもある**文化遺産**と**自然遺産**である。世界文化遺産は、世界遺産条約の第一条に規定されており、主に建築、モニュメント、遺跡などの人工環境が対象となる。世界文化遺産を選定する基準として、歴史上、芸術上、あるいは学術上、顕著な普遍的価値をもつことが挙げられている。他方で、世界自然遺産は、世界遺産条約の第二条に規定されており、生物と無生物からなる自然環境が対象となる。世界自然遺産を選定する基準としては、鑑賞上あるいは学術上、顕著な普遍的価値をもつことが挙げられている。****

　世界遺産は当初、文化と自然を区分する西洋科学の基準から分けられていた。だが、世界各地の諸事象を文化／自然の二項対立から区別することは難しい。したがって、文化遺産と自然遺産の双方を兼ね備えた中間のカテゴリーとして、**複合遺産**が設けられた。複合遺産のカテゴリーは初期からあったが、正式に条約で規定されたのは二〇〇五年である。

　現在、世界遺産は、文化遺産、自然遺産、複合遺産の三種類に分類される。世界遺産の登録数一一二一件（二〇二〇年三月時点）のうち、文化遺産が八六九件、自然遺産が二一三件、複合遺産が三九件である。全体的にみると複合遺産は三パーセント強を占

****景観人類学は数多くの世界遺産を研究対象としてきた。特に有形文化遺産や文化的景観をめぐる人類学的研究は、景観人類学と重複する。目下、両者がどのように異なるのかについての議論は乏しい。筆者が考えるに、文化遺産の人類学は、文化遺産を名乗る制度や言説（所有権から対抗言説までを含む）を無視することができない。その範疇には、ユネスコや国などにより登録されたものから、生活を営む人々が保護・継承したいと願う「自分遺産」までを含む（飯田卓編『文明史のなかの文化遺産』（二〇一七年）参照）。他方で、第一部で述べたように、景観人類学は視覚とその権力性（表象、競合、デザインなど）、および／もしくは聴覚・嗅覚・触覚などの身体感覚と切り離して考えることはできない。両者のアプローチは確かに重複するが、出発点において違いがみられる。

めるにすぎない。前述したアクロポリスとアブ・メナは文化遺産である。エアーズロック（ウルル）はまず自然遺産として登録されたが、今は複合遺産へと変更されている。*

二〇二〇年三月の時点のユネスコ世界遺産登録数ランキングをみると、第一位がイタリアと中国の五五件、第三位がスペインの四八件、第四位がドイツの四六件、第五位がフランスの四五件、第六位がインドの三八件、第七位がメキシコの三五件、第八位がイギリスの三二件、第九位がロシアの二九件、第一〇位がアメリカとイランの二四件である。そして日本が二三件と続いている。** 第一三位から第三〇位（登録数一〇件以上）までは、ブラジル、オーストラリア、カナダ、トルコ、韓国、ペルー、アルゼンチン、南アフリカを除くと、すべてヨーロッパ諸国が名を連ねている。世界地図から登録数を俯瞰すると、世界遺産は、欧米諸国もしくはアジアの「文明国」（古代文明が栄えた中国、インド、イランか日本、韓国）に偏っていることが分かる。それに比べ、アフリカやオセアニアの登録数は相対的に少ない。アフリカ大陸は多くの国が世界遺産条約に加盟しているが、古代文明が栄えたエジプトですら七件しか登録されていない。*** オセアニア島嶼国にいたっては、八つの国にそれぞれ一件ずつ登録されているにすぎない。しかも二〇〇八年になるまで、オセアニア島嶼国には世界文化遺産が一つもなかった。****

世界遺産の認定基準

ここで問題となるのは誰が、どういう基準で世界遺産を認定しているのかである。先にみたように、文化遺産と自然遺産の登録基準は、歴史上、芸術上、鑑賞上、学術上といった視点から「顕著な普遍的価値」をもっていることである。だが、その「普遍的価値」

*その他、世界遺産には「危機遺産」というカテゴリーも設けられている。戦争や自然災害などの諸々の理由で脅威にさらされている遺産を指している。脅威が去れば、危機遺産のリストから外れる。

**日本は一九九二年とやや遅れて加盟した。一九九三年、最初に登録されたのは法隆寺地域の仏教建造物、姫路城、屋久島、白神山地である。その後、古都京都の文化財、原爆ドーム、厳島神社、白川郷・五箇山の合掌造り集落、日光の社寺、琉球王国の城及び関連遺産群、富士山、知床などが登録された。

***一九八一年という早い時期に世界文化遺産登録されたアフリカ北部モロッコのフェズ旧市内については、国立民族学博物館ビデオテーク「フェズのメディナを歩く」（一七分、二〇〇〇年）を映像で視聴できる。

****ここでいうオセアニア島嶼国のなかには、フランスやアメリカ合衆国などの海外領土は含まれていない。

とは誰が決めるのであろうか。文化相対主義の視点からすると、人間が生活を営むうえで形成した文化はどれも同等の価値をもつはずである。アフリカやオセアニアの人々がつくりだしたどの環境にも歴史はあり、芸術的な価値があるはずだ。世界遺産の登録は一見して厳正な基準から選ばれているようで、実はその背後には欧米先進国やアジアの大国を中心とするヘゲモニー（覇権）が見え隠れしている。*****

世界遺産の登録においてしばしば問題となるのは、人間の不在である。建築や自然などの物質的な美しさや歴史的背景もしくは生態系の豊かさを重視する一方で、そこに住む人々のかかわりが軽視されることがある。こうした反省から、一九九二年にユネスコが**文化的景観**（**cultural landscape**）という概念を提示したことは大きな進展であった。文化的景観とは、人間と自然環境との相互作用によって生み出された遺産を指す。その意味で、ユネスコのいう文化的景観は、本書が定義する景観の概念に近い（以下、世界遺産制度と関係する文脈でのみ「文化的景観」と称する）。文化的景観の概念は、「世界遺産条約履行のための作業指針」として規定されているものであり、文化、自然、複合の三大遺産カテゴリーとは異なるレベルにある。文化的景観として認定された遺産は、文化遺産もしくは複合遺産として正式に登録される。

文化的景観

文化的景観は、そこで暮らす人々の生活や価値観を考慮に入れる。例えば、ニュージーランドのトンガリロ国立公園*は、そこが先住民であるマオリの聖地であるという理由から文化的景観に登録された。アジアでは、コルディリェーラの棚田群（フィリピン）、

***** この点については、大西秀之「文化財ポリティクスとしての景観価値」（二〇一六）を参照のこと。

写真21 ユネスコの世界遺産登録を示す看板。インドネシア・ジョグジャカルタのボロブドゥール遺跡前で（二〇一二年 撮影：河合洋尚）。

バリ州の文化的景観（インドネシア）、チャンパサック県の文化的景観にあるワット・プーと関連古代遺産群（ラオス）などが、文化的景観である。棚田や山地をはじめ、人間の生活と深くかかわって形成されてきた自然や人工環境が登録されている。なお、日本では二三件の世界遺産のうち、紀伊山地の霊場と参詣道および石見銀山遺跡が文化的景観である。さらに日本ではこうした世界的な動きを受けて二〇〇四年六月に**重要文化的景観**の選定をおこなう法律を公布した。二〇一九年一〇月の時点で、日本各地の六五件が重要文化的景観として登録されており、景観計画区域において保護の対象となっている。[**]

文化的景観の概念の提示により、世界もしくは各国の遺産登録における人間不在の問題は解消したかのようにみえる。だが、それにもかかわらず遺産登録が景観問題の火種となってきたことは、すでにみてきた通りである。文化的景観として登録されているにもかかわらず景観問題を生み出してきた代表例は、ウルルである。ウルルは、アボリジニーの聖地であるという理由から、一九九四年に文化的景観として指定された。しかし、ユネスコやオーストラリア政府は長いこと法律的に登山を禁止してこなかった。それにより観光客がアボリジニーにとっての景観的意味を軽視し、トラブルを生み出してきたことはすでに述べた通りである。どのように人々が景観とかかわっていくか、それをいかにして保護していくかが深く探求されなかったため、文化的景観の認定は景観問題を抑止する力とは必ずしもなってこなかったのである。[***]

2　文化遺産と景観保護

＊ニュージーランドの北島にある同国初の国立公園である。

＊＊日本では文化遺産を文化庁、自然遺産を環境省と林野庁が担当している。文化的景観の担当は文化庁のほうである。文化庁のホームページに基づくと、重要文化的景観は「地域における人々の生活又は生業及び当該地域の風土により形成された景観地で我が国民の生活又は生業の理解のため欠くことのできないもの（文化財保護法第二条第一項第五号より）」と定義されている。

＊＊＊どれが文化的景観であるのかを判定する基準も曖昧である。北海道の知床はそうした例の一つである。知床は、二〇〇五年に世界自然遺産として登録された。その評価ポイントなったのは、知床の豊かな自然（生態系）である。しかし知床は、元来アイヌが生活を営んできた地でもある。知床の世界遺産申請とアイヌ文化の関係について、詳しくは松井一博「アイヌ民族の権利と国際環境政策の展開」（二〇〇六年）を参照。

したがって、「文化遺産とは誰のものであるのか」「何を文化遺産としてより重視していくべきなのか」という問題は、まだ十分に議論すべき余地が残されている。この問題について、次に二つの客家《ハッカ》建築を比べることで理解を深めていくことにしたい。

二つの客家建築――土楼と囲龍屋

客家は、漢族のサブ集団の一つである。中国東南部の山岳地帯を拠点とし、世界各地へと移住している。****一般的に客家は、他の漢族とは異なる言語（客家語）と文化（客家文化）をもつとみなされている。客家文化のうち最も有名なのは、ユネスコの世界文化遺産に登録されている円形土楼（以下、土楼）である（写真22）。土楼は丸いドームのような形をした集合住宅であり、そこには数十名、規模が大きければ数百名の親族が一緒に暮らす。土楼は福建省西部の永定県とその周囲に分布している。永定県だけでも約三五〇の土楼が存在すると推定されている（方形やその他の形状を合わせると二万件を超える）。

ただし、ユネスコにおける土楼の遺産登録名は「福建土楼」であり、「客家土楼」ではない。*****土楼のなかは、客家ばかりが生活しているわけではないからである。確かに世界遺産に登録されている永定県の土楼に住むのは客家を自認する人々である。だが、永定県の隣の諸県では、閩南《びんなん》人という異なる漢族の人々が土楼に住むことも珍しくない。永定県に隣接する広東省潮州市の土楼にも、閩南人と同じ系統である潮州《ちょうしゅう》人が住んでいる。中国の東南部だけをみても客家が住む家屋はさまざまである。すべての客家が土楼のような周囲を壁で囲まれた集合住宅に住んできたわけではない。客家の人々は茅葺屋根や木造の平屋、東南アジアから帰国した華僑が建てた西洋建築など、さま

****客家の概説については、飯島典子・河合洋尚・小林宏至『客家』（二〇一九）を参照。第一六章に土楼（小林宏至執筆）、第一七章に囲龍屋（河合洋尚執筆）の説明が掲載されている。

*****「福建土楼」の名称で正式に登録されているが、現地では「客家土楼」として説明されている。国立民族学博物館ビデオテーク「客家のふるさと　福建土楼」（一五分、二〇一二年）を映像で視聴することもできる。

写真22　福建省永定県の土楼（二〇一七年　撮影：河合洋尚）

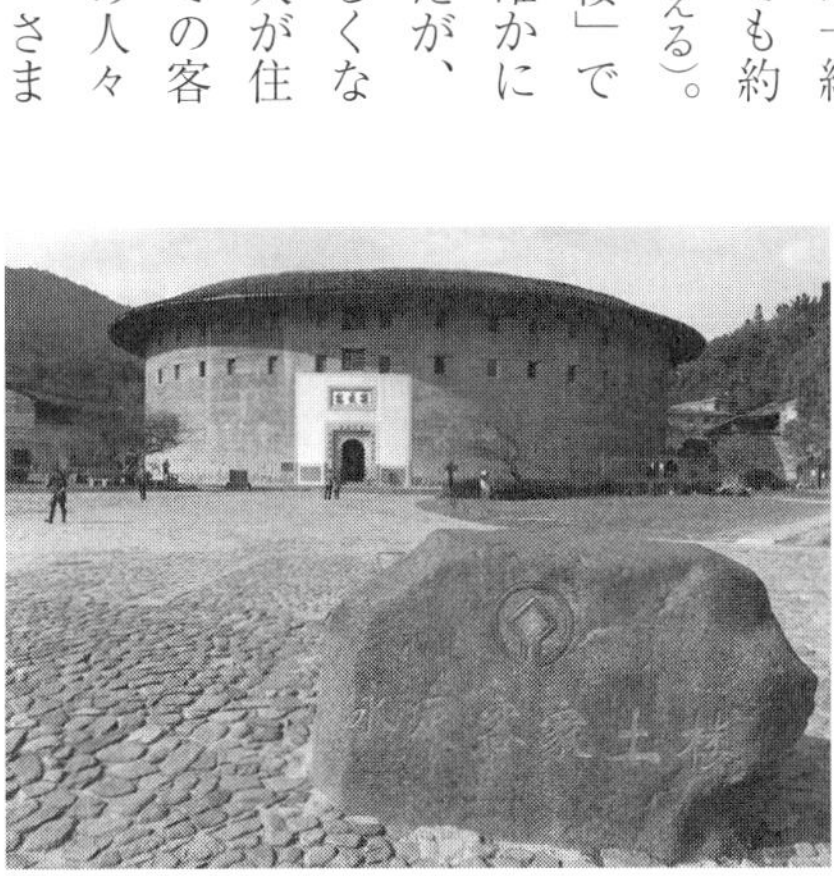

ざま家屋に住んできた。土楼＝客家文化という図式は、学者やマスメディアなどが表象によりつくりあげてきたイメージにすぎない。

確認しておくと、表象とは一部の「事実」をとりだして集団のイメージ（特色）をつくりあげる技法を指す。土楼はまさに客家地域にある無数の人工環境から選ばれた「部分的事実」であり、すでに客家という集団を代表するものとしてイメージされている。そうしてつくりあげられたイメージこそが、本書で定義する文化である。客家文化とは、科学という権威のもとでつくられたイメージであり、そこには閩南文化や潮州文化とは異なる特色が想定されている。その結果、土楼は閩南人や潮州人が住むにもかかわらず閩南文化や潮州文化とは称されず、あたかも客家特有の景観であるようにみなされている。マスメディアは、土楼を神秘的な客家の集合住宅とするイメージを拡散してきた[*]。

土楼は、二〇〇八年七月に世界遺産として認定されることで、保護すべき客家の景観としての地位をますます確たるものにした。ところが、そこに住む人々はといえば、この集合住宅を「時代遅れの古い家屋」とみなし、鉄筋コンクリートでつくられた一戸建て家屋やマンションへと次々と引っ越している。また、マスメディアや一部の学者が提示するイメージとは異なり、少なくとも近年の大多数の土楼には祖堂がない。人々は土楼の外にある祖堂へ参拝に行っている。つまり、土楼をめぐり永定の人々がみるまなざしは同じではない。土楼を神秘的な客家の景観として利用しようとする人々もいれば、時代錯誤の古びた景観であるとみなす人々もいる。それにもかかわらず、政府や学会や旅行会社などは土楼を保護すべき文化遺産として固定化している。

他方で、別の客家建築である囲龍屋《いりゅうおく》は、長らく政府や学会や旅行会社などにより保

写真23　広東省東部・梅州市の囲龍屋（二〇〇六年　撮影：夏遠鳴）

＊小林宏至「福建土楼からみる客家文化の再創生」（二〇一二年）を参照

護すべき対象とみなされてこなかった。囲龍屋は、広東省の東北部に位置する梅州市とその周辺に位置する伝統集合住宅である（写真23参照）。公的な見解に基づくと、梅州市で生まれ育ったほぼすべての住民は客家である。土楼と同じく、囲龍屋には同じ姓をもつ一族がともに暮らしてきた。ただし、囲龍屋は壁で囲まれてこそいるが、円形ではない。前方の池も含めると馬蹄形である。

保護すべきなのは物質か？　それとも人間の生活の質か？

日本と同様、中国でも国全体から市・県にいたる各レベルの文化遺産制度がある。中国では、建築など人工環境にかんする文化財を重点文物保護単位という。囲龍屋は今でこそ客家を代表する建築の一つとみなされているが、二一世紀に入るまで重点文物保護単位として認定されたものはほとんどなかった。＊＊

梅州の人々と囲龍屋とのかかわりは一様ではない。永定県と同じく、梅州市でも囲龍屋に住んでいた大半の人々は、この伝統的な家屋を離れて鉄筋コンクリートでつくられた一戸建て家屋やマンションへと次々と引っ越している。そのまま囲龍屋が廃墟になった例も少なくない。だが、土楼と異なるのは、囲龍屋を「時代遅れの古い家屋」とはみなさない元居住者も少なくないということである。囲龍屋の中央奥には祖先の位牌を祀る祖廟が設置されているからである。彼らはそこに住まなくなっても、祝祭日になると囲龍屋に集まり、祖先祭祀をおこなう。つまり、囲龍屋は、一族の歴史、記憶、物語およびアイデンティティを確認する〈場所〉として機能している。また、一部の宗族の人々、とりわけ高齢者は、囲龍屋のなかにある化胎《かたい》という高台（写真24）が女性の

＊＊確かに一九八七年には、一三世紀に建てられたという囲龍屋が一つ、県の重点文物保護単位として登録されている。だが、それはこの建築が長い歴史をもち、さらに客家の民族英雄・蔡蒙吉の旧宅であったことが理由である。囲龍屋そのものの価値を見出されてのことではなかった

写真24　囲龍屋の後方部にある化胎（二〇一六年　撮影：河合洋尚）

腹の形を模しており、彼らの生命力の源泉であると考えている。囲龍屋と宗族の成員（祖先から現存の子孫まで）とは化胎からあふれ出る生命力でつながっており、囲龍屋に悪影響がでれば宗族の命運も悪くなるというのである。*

二一世紀に入り、市政府や客家研究者は、囲龍屋の価値にますます注目するようになっている。だが同時に、囲龍屋はほとんどが一階建てであり、公共スペースも多いため、広い敷地を必要とする。都市部であれば、囲龍屋をとり壊して高層のマンションでも建てれば、開発業者はより多くの収益が見込める。それゆえ、梅州市に数万件あると推定される囲龍屋の多くは、とり壊しの危機に瀕している。宗族の成員の手によってすでに廃墟と化した囲龍屋ならば、とり壊しても大きな問題はないだろう。しかし、宗族の成員がいまだに大切な〈場所〉としている囲龍屋をとり壊してしまったならばトラブルとなる。政府や開発業者の視点からすれば、囲龍屋は、宗族の成員がもう住んでいない「過去の」家屋なのかもしれない。しかし、宗族の成員にとって、囲龍屋は時として自らの命運を左右しかねない**リビングヘリテージ**（**生きた遺産**）である。**

繰り返すと、土楼をリビングヘリテージとして重視する住民もいるし、囲龍屋を過去の遺物として切り捨てている住民もいる。だから、ここでは土楼と囲龍屋の明確な対比を描きたいわけではない。だが、土楼の住民がすでに彼らの集合住宅を時代錯誤の古びた景観であるとみなしているにもかかわらず、それを近代西洋技術でもって無理に保護しようとした人々がいたことも事実である。***筆者は、そうした人々に「本当に保護すべきなのは人々がまだ生活のうえで必要としている囲龍屋ではないのか」と質問してきた。だが、彼らは大抵の場合「土楼は囲龍屋より建築的価値があり、それ

*化胎からあふれ出る生命エネルギーにより、親族が「生かされている」とみなされる。つまり、親族と囲龍屋とは生命エネルギーでつながった不可分な存在であり、囲龍屋が壊されると親族の命運や健康に多大な損失がみたらされるという。風水に近い考えである。

**リビングヘリテージについては、石村智「リビングヘリテージとしての景観」（二〇一六年）を参照。

***そのなかには、中国国内だけでなく、北米の企業も含まれていた。この企業は、そこに住む人々の生活実践を顧みることなく、彼らの「サステナブルな建築技術」を用いて、円形土楼を改造・保護しようとしていた。その責任者は、円形土楼の神秘的な景観に魅せられる一方で、囲龍屋には何の関心ももたなかった。彼らにとって、囲龍屋は何かしらの意味やイメージをともなう景観ではなく、単なる環境にすぎなかったのである。

ゆえ世界文化遺産として保護の対象になっているのだ」と答えてきた。この回答は、人間不在の文化遺産保護意識に基づいている。われわれは、人類学の視点から景観問題や文化遺産保護にとりくむ可能性について、そろそろ真剣に考えていかねばならないのかもしれない。

＊　＊　＊　＊

以上、景観問題の人類学は、環境をめぐる人間の認知や関与、特に権力や制度の問題を注視している。****理論的には一九八〇年代から人類学の大きな関心となっていた文化表象の問題を出発点として、学者や各種機構による文化表象がいかに景観をつくりだしてきたかを読み解いてきた。確かに人類学の力点は、人々が生活実践をおこなう〈場所〉にある。だが、それだけを人類学の仕事であると決めつけ、自ら研究対象の範囲を狭めてしまっては本末転倒であるだろう。本章でみてきたように、景観開発、景観保護といった問題群にも、人類学が長年対象としてきた文化が密接に関係している。だから、その担い手である移民、政府、企業、学界、小説家サークル、マスメディア、ユネスコなどを、景観研究の対象として度外視することができない。むしろ景観問題の人類学は、こうした多様なアクターを研究の対象として、各々の景観をめぐるせめぎあい（競合）を考察することを特徴としている。*****

繰り返すと、景観問題の人類学は、「視覚や文化的イメージ」という近代西洋的な景観の概念を前提としている。この潮流は、景観実践の人類学と比較すると、より人間中心的である。だが同時に、ヨーロッパの文脈で育まれてきた景観概念が非西洋社会には

****なお、景観という概念を使わずとも、景観をめぐる権力性や競合について議論を深めている研究もある。都市空間の人類学は、その典型例である。例えば、アメリカの人類学者であるセサ・ロウは、コスタリカの広場をめぐる人々の多様な意味付けとその競合について研究している。Low ed. *Theorizing the City*（1999）に収録されている諸論文を参照。

*****景観人類学が今後さらに考察していかねばならないのは、バーチャル世界の介在である。アニメ聖地がその典型であろう。例えば、阪急西宮北口駅近くの北口駅前公園は、筆者が子供の頃、「ニシキタ公園」と呼ばれていた。だが、二一世紀に入りアニメ『涼宮ハルヒの憂鬱』が放映されると、その舞台であるという理由でファンや若者の間で「ハルヒ公園」と呼ばれるようになった。この公園は、まだ訪れたことがないファンにとっても特別な〈場所〉となっている。アニメの影響で、撤去された時計台が復活するなど、バーチャル世界は現実の景観にも影響を与えるようになっている。

存在しない、と断言することももはやできないだろう。日本や中国がそうであるように、景観の設計や開発は西洋由来の科学的見地に基づくし、西洋的な景観の観念や美意識が社会に浸透することもあるからである。他方で、景観問題の人類学は、日常生活を営む人々の実践を軽視するわけではない。むしろ多様なアクターに配慮したうえで、人間と環境を切り離さない〈場所〉の重要性を再認識することが、この潮流のポイントでもある。

景観問題の人類学における問題点は、景観をめぐる諸アクターの「多様性」をいかにとらえるかにある。この潮流の議論は、現地の「多様性」を見据えてはいるが、他方で階層、宗教など諸々の利害集団をひとまとめにする傾向も少なくない。そのうえで、地元民と移民、政府と先住民、キリスト教と地域住民という集団が競合し、景観問題が生まれるという議論が端々にみられる。言うまでもなく、学者、政府、先住民などと一言で表してもその内部にはさらなる多様性がある。こうしたカテゴリー化が行き過ぎると、各集団に「固有の文化体系」をみる、景観人類学以前の研究の焼き直しになってしまう。したがって、景観問題の人類学にとっての今後の課題は、個人と個人、個人と環境の相互のつながりをみる景観実践の人類学（第一章の議論）を、どのように再評価するのかに委ねられているのかもしれない。

写真25　兵庫県西宮市の北口駅前公園にある時計台（二〇一九年　撮影：河合洋尚）

コラム　景観史の人類学

人類学は基本的に「現在」を主要な研究対象とする。人類学者は国内外の異社会へ赴いて一定期間のフィールドワークをおこない、そこで観察しインタビューした内容を記述するからである。だが、「現代」研究が人類学の全てではない。「現在」の事象を把握するために、過去への理解を深めることも不可欠となる。それゆえ、人類学者は研究対象とする人々や社会の過去、すなわち歴史にも注意を払う。景観人類学もその例外ではない。第一章でみたように、景観実践の人類学は「現代」に着眼点を置いているとはいえ、人間と環境の間の相互影響による変化に関心を払っている。他方で、第二章で触れた景観問題の人類学も、中世や近代などの過去について扱うこともしばしばある。

景観人類学の諸研究において、歴史や変化は無視することのできない対象である。本書で紹介した景観実践の人類学と景観問題の人類学以外にも、景観人類学には歴史や変化に関心を払う諸研究が存在する。このコラムでは、その代表的な潮流ともいえる、歴史生態学アプローチと歴史性をめぐるアプローチについて簡潔に紹介するとしよう。

1　歴史生態学アプローチ

歴史生態学（historical ecology）は、森林、平原、サンゴ礁などの生態系が、いかに歴史的に変化してきたのかを研究する。森林、平原、サンゴ礁などの生態系の形状は、時間の経緯によって変化する。その変化の一因となるのは、気候変動や地殻変動などの自然的要因である。だが、特に一九八〇年代以降、生態学やその隣接領域では、生態系の変化を自然的要因だけで説明することに限界を感じるようになった。生態系の変化や維持に、人間という要素（以下、ヒューマン・ファクター）が介在していることが次第に明らかになったからである。それにより注目を集めたのが、自然と人間（または文化）

が交差する概念としての景観であった。歴史生態学アプローチの代表人物である人類学者キャロル・クラムレー（Carole Crumley）らは、生態系を単なる自然とみるのではなく、そこに人間の営みが介在する景観としてとらえている（Crumley 1994）。

この視点に立脚して、歴史生態学アプローチの諸研究は、生態系の変化においてヒューマン・ファクターがいかに介在してきたのかを論じてきた。景観人類学の歴史生態学アプローチには、地図や写真でもって生態系の変化を追う研究が少なくない。また、森林や平原やサンゴ礁などの物的環境がどのように変化したかを示す作業は、時として人類学の調査法の範囲を超える。したがって、自然科学の手法を用いて生態系の変化の詳細を調査することもある。具体的には、①まず航空写真や自然科学的手法により生態系の物理的な変化を通時的に明らかにし、②次にフィールドワークを通してその変化の要因となるヒューマン・インパクトを導きだす。この手の調査においては、特に②の過程で人類学の視点が求められる。

生態系の変化においてヒューマン・インパクトを導き出す②の調査は、しばしば人間の生産活動、宗教信仰、環境管理をめぐるローカル・ナレッジ（local knowledge 現地の人々の知識）に着目する。例えば、南米のアマゾン流域に住む先住民の生産活動は、現地の植生の維持に役立つこともある。したがって、人類学者とその隣接領域の研究者は、先住民による植物の使用や森林管理の方法などを調査することで、人間と景観のかかわりを論じてきた。他方で、人々の信仰や宗教も生態系の変化や維持を左右しうる（Little 1999）。ある森林には妖怪が出るから近づかないようにする、という現地の人々がいたとしよう。そうすると、この信仰や観念は結果的に森林の維持に役立つことにつながる。

生態系の変化には、人間の日々の生活活動だけでなく、政策がかかわることもある。例えば、ソビエト連邦（現在のロシア）による二〇世紀の社会主義政策は、この国の景観を大きく変えてきた。当時の衛星写真を時代ごとにみると、そこの景観が大きく変化してきたことが目にみえてわかる。その変化の大きな要因となったのが、一九三〇年代に採択されたコルホーズ（集団農業）政策であった。現地の景観は、政治経済的な圧力により変容する。だが、コルホーズなど政策的要因からだけでは解読できない景観の変化も同時に存在する。人類学は、そこに住む人々の生産活動やローカル・ナレッジを調べることで、政策が景観に与えた影響を裏づけ、また政策だけに還元できないヒューマン・ファクターを見出してきた（大西二〇一八）。

歴史生態学アプローチは、人間が自然の変化を促し、自然の変化が人間の行動に影響を与えることで、生態系が絶え間なく変化する過程を考察する。この潮流は、人間―環境の相互影響関係を重視する点において、第一章で紹介した景観実践の人類学と親和性がある。ただし、景観実践の人類学と比べると、この景観史アプローチは、森林など物的環境の長期（しばしば数十年〜数百年）変遷により焦点を当てている。

すでに述べたように、生態系の歴史的変遷を綿密に追うためには、地図や写真だけでなく、植生の状況調査や地質の計量測定といった自然科学的手法も時として必要となる。したがって、このアプローチは人類学という領域の範囲内だけにとどまらず、生態学、地理学、植物学、考古学などの隣接分野と共同研究を進めることも少なくない。むしろ、生態学者、植物学者などが生態系の変化を理解するために、人々（とりわけ生態系のなかに住む先住民）の間でフィールドワークをおこない、彼らのローカル・ナレッジを調べる人類学的手法を採用することもある。歴史生態学的アプローチは脱領域的な性質を強くもっている。

景観人類学（と景観考古学）の歴史生態学アプローチは、二〇〇五年にアメリカ人類学会の *American Anthropologist* 誌で特集が組まれている。日本語では、大西秀之が二〇一六年に刊行された『景観人類学』（河合洋尚編）の第一〇章でこの分野を紹介している。二〇一九年には山口徹編『アイランドスケープ・ヒストリーズ』が刊行され、沖縄やオセアニアのサンゴ礁の変遷をめぐる人類学的研究が展開されている。また、景観人類学を名乗っていなくとも、生態系の変化におけるヒューマン・インパクトをみる類似の研究があることも付け加えておかねばならない（池谷編二〇〇三）。

他方で、歴史生態学アプローチは、村落の人工環境にも適用できる。実際に一部の人類学者は、人間―環境関係の解読を通して、沖縄の村落景観の変遷を追ってきた。この種の研究は、琉球王国時代からの景観政策や宗教体系だけでなく、今を生きる人々の親族（特に本家―分家）関係、フンシをめぐる人々の実践などに着目する。フンシとは風水に類似する知識・実践であり、墓や住宅、村落の位置・寸法を見立てる技法である。調査者は、村落の地図を描き、どのように道路や家がつくられてきたのか、なぜ特定の位置で空き地が目立つのか、植物を植える論理や意味は何なのか、御嶽（ウタキ）のような聖地をどこに配置し、どのような経緯で再生させてきたのかについて、住民へのインタビューから理解する（渡邊 一九九四：河合 二〇〇二、二〇〇四）。生態系をめぐる調査と同様に、そこで生活する人々のローカル・ナレッジを調べることで、村落の景観史を理解しようとするのである。これらは景観人類学とは必ずしも名乗ってこなかったが、歴史生態学アプローチの一環として捉え直すことができるだろう。建築学、地理学などとの脱領域的研究を進めていく可能性を強く秘めた研究分野である。

2 歴史性をめぐるアプローチ

人類学には、歴史を主要な研究対象とする歴史人類学（historical anthropology）という分野がある。この分野は、基本的に歴史を二つの視点から解読する。一つは、過去→現在→未来へと至る時間の流れに沿って、歴史の移り変わりを記述する視点である。それに対して、もう一つの視点は、「現在」の社会状況によって「歴史」がいかにつくられるのかに関心を注ぐ。ここで言及される「歴史」は、今を生きる人びとが語り思い描く、各社会・各集団の歴史観である。景観人類学の大半の歴史記述は、歴史生態学アプローチにみるように、前者を基盤としてきた。だが、景観人類学のなかには、後者の視点に立脚し、「今を生きる」人々がいかに過去を想起し、未来を想像することで、景観をつくりあげていくのか、に焦点を当てる研究もある。

一例を挙げてみよう。ギリシャにはトルコから移住した難民がいる。もともとトルコに住むギリシャ人である。イスラームを主要宗教とするトルコでたびたび迫害を受けてきた。一九二三年、トルコに住むギリシャ人（ギリシャ聖教徒）とギリシャに住むムスリムを交換する政策が採択されたことにより、大量のトルコ系ギリシャ難民がギリシャへと移住することになった。ギリシャに「戻った」難民たちは、移住の歴史や自身の文化を子や孫に伝えてきた。だが、二世・三世である彼らは、ギリシャで育っているため、その歴史について身をもって実感することができなかった。時が経つにつれ、移住の歴史は消滅の途を辿っていた。だが、一九九〇年代に入ると、ＥＵの指針を受けて、ギリシャとトルコの友好都市締結が模索されはじめた。そうしたなかで、移民二世たちは、トルコにある父母の生まれ故郷を訪れた。彼らは、父母が若い日々を送っていたであろう家や砂浜などの景観を見るにつれ、今までおとぎ話のように聞いていた父母の歴史の語りを身をもって実感できるようになった。最終的に、彼らはギリシャの町の人々に呼びかけ、父母の生まれ故郷であるトルコの町と公式に友好関係を結んだ。父母が語った忘れかけていた物語は「正当な歴史」としてギリシャのトルコ系移民のなかで重視されるようになった［Papagaroufali 2005］。このように、景観は、トルコ系ギリシャ移民の「歴史」を再創造する物質的な契機ともなっていたのである。

われわれの生活のなかでも、ある出来事をきっかけとして、忘れかけていた過去が重要な歴史として眼前に現れてくることはある。その意味で、「歴史」は、その場その時の社会状況に応じて不断につくられている。最近の人類学は、文字資料や景観といった物質的存在が、逆に人々の「歴史」を構築する側面にも着目しはじめている。「歴史」は確かにその場その時の出来事によってさまざまに立ち現れる。しかし、人々が「現在」の出来事から「過去」を再認識するにあたり、周りにあるアーカイブや景観を参照することがある（長谷川・河合 二〇一九）。トルコ人がギリシャへ移住したという過去は、しばらくギリシャのトルコ系移民のなかで忘却されていたとしても、それは文書や景観で記録される「事実」であった。その「事実」が、その時々の状況に応じて、「歴史」を構築するファクターとなっている。

このように、「現在」の出来事から一時的に構築されていく「歴史」は、最近の人類学では歴史性（historicity）と称される。歴史性という概念が人類学で注目を集めるようになったのは、二一世紀に入ってからである。その契機の一つとなったのは、エリック・ハーシュとチャールズ・スチュワート（Charles Stewart）が二〇〇五年に *History and Anthropology* 誌で組んだ特集である（cf. Hirsch and Stewart 2015）。本書の冒頭で述べたように、ハーシュは景観人類学の旗手の一人でもある。ここから分かるように、景観の歴史人類学的な議論において、歴史性は重要なキーワードの一つとなりうる。

景観人類学において歴史を扱う研究は、このコラムで紹介した歴史生態学アプローチと歴史性をめぐるアプローチだけに限定されない。景観の人類学には空間だけでなく時間に関する考察も不可欠である。むしろ、空間軸と時間軸の交差をとらえることが、今後ますます重要になってくるであろう。

課題と展望——応用科学としての可能性を考える

二〇一四年五月、筆者は第四八回日本文化人類学会で景観人類学をテーマとする分科会を開催した。* この時おこなわれたディスカッションで印象的であったのは、景観人類学の知見をいかに社会に還元するかについての質問が、複数あったことである。確かに建築学者なら景観デザインについても考えるだろうし、観光学者ならより良い観光業を展開するための方案を考えるかもしれない。だが、日本の人類学は特に知の社会還元・社会貢献について必ずしも議論してこなかったので、この質問は筆者にとって意外であった。言うまでもなく、景観を扱う学問は人類学だけではない。景観学のなかには、実際に景観をデザインしたり保護したりする作業に着手する領域も少なくない。** 景観というテーマを扱う以上、人類学も今後は景観保護や景観設計をどのように考え、参与していくかという問題を無視することができなくなるだろう。人類学の内部でも、景観人類学を応用科学として位置づけることがますます求められるかもしれない。本書は最後に、景観の応用人類学的研究をどのように考えていくかを模索していくことにする。

＊分科会の正式題目は「ランドスケープの人類学——競合論から整合論へ」である。この分科会の発表者は、椿原敦子、安田慎、岩田京子、河合洋尚であった。景観は自然と文化の交差点にある概念である。そのため、人文・社会科学と自然科学の対話・協働を必要とする分野でもある。そのなかで、総合科学としての人類学の位置や役割について、今後再検討していく必要がでてくるだろう。

＊＊パトリック・ラビオレッテ（Laviolette 2011）は、景観人類学の先行研究をまとめたうえで、この学問分野の将来は景観を扱う他の学問領域との融合（問題意識の共有等）にあると主張している。

一　景観の応用人類学

1　先駆的研究

応用人類学と景観研究

人類学に馴染みのない教員や学生のなかには、「人類学は教養学問であり社会には何の役にも立たない」と考える人がいるようである。だが、その理解は正確ではない。人類学には、**応用人類学**（**applied anthropology**）という下位領域がある。応用人類学は、人類学の知識や方法論を開発、観光、医療、福祉、移民問題、先住民問題、マーケティングなどの諸領域に役立てることを目的とする。人類学ではその成立当初から、人類学の知識や方法論を社会に役立てようとする動きがみられた。[*] アメリカでは、すでに一九世紀から人類学が国内の民族政策に応用されており、一九四一年に応用人類学会が設立された。今でもその知識を生かして、公共サービスなどの現場で活躍している人々がいる。確かに日本では応用人類学への関心が相対的に薄く、応用人類学会もない。[**] だが、後述するように、最近は日本でも人類学的知の社会還元・社会貢献についての関心が徐々に高まっている。

だが、景観の応用人類学的研究は、現時点では萌芽的な段階にとどまっている。景観人類学という分野そのものが新しいうえ、特に景観実践の人類学は人と景観の関係をめぐる哲学的な議論に関心を寄せてきたからである。若干の例外はあるが、景観人類学に従事する研究者は基本的に、景観保護運動に参与したり、自ら景観をデザイン、

*欧米や日本の人類学が発展した背景の一つに、植民地統治があったことは無視できない事実である。詳しくは、中生勝美『植民地人類学の展望』（二〇〇〇年）を参照。

**英語圏では応用人類学の概説書が数冊あり、文化人類学の教科書でも応用人類学のコーナーがしばしばもうけられている。それに対して、日本では応用人類学をタイトルとする専門書（ただし報告書を除く）が一冊もない。

設計したりすることをしない。景観の応用人類学は、一つの潮流と呼べるほどの動きをまだ形成していないといえる。

とはいえ、本書の第二章から分かるように、応用実践をおこなうための潜在性が景観人類学に備わっていることは明らかである。景観問題は人間が引き起こす問題でもある。われわれが国内外の異社会へ行き、荒れ地や廃屋であるとみなしたものが、実は現地の人々にとっては重要な〈場所〉であったという可能性もある。開発業者が何の変哲もない土地だと思って開発したら、そこは現地の人々にとっての宗教的な聖地であったということも珍しくない。そうしたなかで、景観人類学は、〈場所〉における人々の価値観や世界観を調査することで、景観問題を未然に防ぐ助けをなすことができる。

外的景観と内的景観

景観人類学の代表的な論者であるパメラ・スチュワート（Pamela Stewart）とアンドリゥー・ストラザーン***（Andrew Strathern）は、旅行者や開発業者などが「外から」イメージする景観と、そこで生活を営む人々がつくりあげる「内なる」景観との区別を論じる。ストラザーンとスチュワートは、クラノグという伝統家屋（写真26）を例にとり両者の違いを説明する。

クラノグは、アイルランドやスコットランドに分布する湖上住居である。いくつかのクラノグは現在、観光の対象となっている。この家屋は、イギリスの主要民族であるアングロ・サクソン人によって、「野性的かつ風変わりなケルト人****」を象徴する景観であるとみなされてきた。だが、スチュワートとストラザーンによれば、それはアン

***A・ストラザーンとスチュワートはパプア・ニューギニア、アイルランド、スコットランド、台湾などを対象とする数多くの著作・論文を共同で刊行してきた人類学者である。景観人類学の論文集の他、親族研究や医療人類学にまつわる概説書も出版している。

****ケルト人は、紀元前に中央アジアからヨーロッパへ移住した民族である。現在はアイルランド、スコットランド、ウェールズなどに住む。

写真26　観光地となったスコットランドのクラノグ（二〇一七年　撮影：河合洋尚）

グロ・サクソン人などが「外から」ケルト人に対して抱いてきたイメージにすぎない。湖上住居に住むケルト人は、こうした外部者から与えられたイメージとは別の世界観から生活を営んでいる。そこに住む人々は、日頃から環境とのやりとりのなかで「内から」景観を生成しているというのである。そこから、スチュワートとストラザーンは、外部者がつくりだすイメージによりつくられる前者の景観を**外的景観**（**outer landscape**）、そこに暮らす内部者が生活の営みを通してつくりあげる後者の景観を**内的景観**（**inner landscape**）と呼ぶ。* ここでいう内的景観とは、実質的には人々の歴史、記憶、感情、社会関係などが埋め込まれた〈場所〉に相当する。

スチュワートとストラザーンは、外的景観がつくられてきた歴史を理解することも重要であるが、〈場所〉（＝〈内的景観〉）への理解を深めることこそが人類学者の任務であると主張する。そうした研究姿勢は、彼らによるデュナ人の調査研究においても現れている。

デュナ人は、パプア・ニューギニア南高地州の辺境に暮らしている。デュナ人の間では人間の身体が血、その他の体液、骨の三つから構成されると考えられている。また、デュナ人は人間と環境とを切り分けず、土地の豊饒性が人間や動植物の豊かさに通じると考えている。土地の衰退により、作物の収穫が減り、女性が不妊となり、子供や動植物が成長不良となり、ひいては病気を引き起こすと考えるのである。だから、土地の豊饒性を保ち回復させるために、人間の体液が必要となる。体液は地下に住むタマーという霊をなだめるとともに、再生を促すからである。こうした考えに基づき、デュナ人は葬礼時、土に掘った穴のうえに台をつくりそこに遺体を載せ、遺体の血や水分を土

＊ Stewart and Strathern. eds. *Landscape, Memory and History*（2003）を参照。

地に落とす。それにより土地を豊かにさせ、ひいては人間を豊かにする。デゥナ人にとって、体液で満たされた土地は、人間の健康を左右する重要な〈場所〉である。そうであるから、一九九九年、外からきた企業が巨大な石油汲上機をデゥナ人の居住地に置くと、彼らはたちまち恐怖におののくようになった。企業にとって、そこの土地は利益を生み出す〈空間〉であった。他方で、デゥナ人にとって土地の液体を吸い上げられることは、彼らの土地の豊饒性を損ない、自身に害を及ぼすことを意味していた。[＊＊]

こうしたトラブルは、人類学者がデゥナ人と土地とのつながりを調査し予め企業側に進言していれば、未然に防げたものである。もしくは企業側に人類学的な知識をもつ人がいたならば、状況は変わっていたかもしれない。このことは、人類学者の〈場所〉や内的景観の研究が、景観問題の緩和を促す可能性を示している。[＊＊＊]

同様の見解は、日本でも提示されている。早稲田大学のラオス地域人類学研究所はその代表例である。ラオス地域人類学研究所はラオスの文化的景観であるワット・プーを調査し、その成果を『ラオス南部――文化的景観と記憶の探求』（二〇〇七年）にまとめた。カンボジアのアンコールワットと同じく、ワット・プーは、クメール王朝の仏教遺跡である。この論文集は日本における早期の景観人類学的研究であるだけでなく、応用人類学的な見解にも言及していた点で興味深い。そのリーダーであった西村正雄は、ワット・プー近郊の農民たちの生活実践の調査を通して、世界遺産という大きな枠組みで遺産管理を進めることに疑問を投げかける。そのうえで、ワット・プーをめぐる農民たちの生活の記憶と実践を重視することで、文化遺産管理の維持戦略を練り直す必要性を提唱する。[＊＊＊＊]西村の主張と提案は、人類学者が〈場所〉や内的景観の保護

＊＊ Stewart and Strathern. Cosmology, Resources and Landscape（2005）を参照。デゥナ人の体液理論についてはストラザーン＆スチュアート『医療人類学』（二〇〇九年）に詳しい。

＊＊＊なお、スチュワートとストラザーンがいう内的景観とは、研究者による便宜上の分析ツールであり、デゥナ人自身が主張する景観ではない。外的景観／内的景観は、あくまで研究者が、現地の多様な景観を示すために単純化した対立図式である。後述するように、実際には外的景観／内的景観は分けられないし、この対立図式をどのように乗り越えていくかが、景観人類学の出発点となる。

＊＊＊＊ラオス地域人類学研究所編『ラオス南部』（二〇〇七年）を参照。

を訴えている点で軌を一にしている。

2　二〇一〇年代以降の展開

「外的景観」VS「内的景観」の対立図式をいかに崩すか

スチュワートとストラザーン、西村の論点は、景観の応用人類学における礎を築いたといえる。そのうえで、さらに一歩踏み込んで考えていかねばならないのは、外的景観と内的景観は完全に分けられるのか、両者は常に対立関係にあるのかという問題である。第一章でみてきたように、一言で現地の人々といっても多様性があり、しかも時間の経過に伴い人々の景観実践も変化する。もちろん、デゥナ人やワット・プー近郊の農民は日常の対話や行動をともにすることで、同じ記憶や実践を共有してきたのかもしれない。だが、彼らがどのようにして集合的記憶をつくりあげてきたのかを丹念に論じないと、そこの住民には同質的で不変の文化があるという議論に逆戻りしかねない。

人類学以外の分野でも、住民の認知や行動に寄り添った景観をつくろうとする発想は特に新しくはない。アメリカの都市研究家であるケヴィン・リンチ（Kevin Lynch）は、早くも一九六〇年代に、都市住民の生活様式に沿った都市プランニングを提唱している。リンチは、ボストン、ジャージ・シティ、ロサンゼルスの三つの都市でアンケート調査と部分的なインタビュー調査をおこない、都市の人々が抱くパブリック・イメージを把握しようとした。リンチの研究は、生活者の視点から都市の文化と環境をとらえようとした点で、景観人類学と重なる部分がある。だが、リンチの研究対象は、専門職や管理職に就く人々に偏っていたという問題を抱えていた。*

＊リンチ『都市のイメージ』（一九六八年）を参照。リンチは、彼の主な研究対象がパブリック・イメージ（都市の大多数の住民が彼らの居住環境について抱いている心像）にあり、個人差については等閑視していること、サンプルが専門職階級や管理職階級に偏っていることを明言している。

写真27　リンチが研究対象としたボストンの街（二〇一三年　撮影：河合洋尚）。リンチは、「住民」の視点から都市設計の問題点を指摘した。

こうした問題点は、景観人類学とも無関係ではない。基本的に景観の応用人類学は、「政府・企業（社会的強者）がつくる外的景観」VS「地域住民（社会的弱者）がつくる内的景観」といった対立図式に支えられている。そのうえで、人類学者らが後者の景観のありかたを調査し、景観問題の緩和に貢献することが提案されてきた。だが、一言で地域住民といっても、その内部にはさまざまな経験や背景をもつ人々がいる。

もちろん、人々の思い描く景観が多様であることを強調しすぎると、権力者・設計者側により「人々の声があまりに多様であるから、地域の人々の声をきいていたらきりがない」と短絡的に受け止められる危険性がある。第一部で述べたように、景観をめぐる個々人の経験や記憶は異なっているが、対話や行動をともにすることで、一つの景観をめぐる同じ感覚やまなざしを共有することがある。こうして共有されていった集合的記憶は、景観問題をめぐる社会運動の源泉ともなる。** だが、そのうえで留意すべきは、同じコミュニティーのなかでも複数の派閥ができたり、一人の住民が政府や企業と太いパイプをもっていたりする状況が生まれがちだということである。筆者自身が調査した中国広東省の省都・広州市の景観問題は、まさにその典型的な事例であった。では、こうした状況を見据えながら景観の応用人類学を展開するには、どのようにしたらいいのだろうか。広州の事例から考えてみることにしよう。***

中国広州におけるフィールドの現場から

ここで景観人類学の調査法を確認するとしよう。目下、景観人類学はさまざまな方向に展開しているが、まずは国内外の異社会へと出かけ、現地を歩くことから始める

＊＊小田亮「コモンとしての景観／単独性としての風景」（二〇一八年）を参照。小田は、環境への異なる経験や記憶をもつ個々人が、それぞれの単独性を担保しながらモザイク状につながっていき、一つの景観をつくりあげる共同領域＝コモンができあがる過程を論じる。小田のいう「コモン」の概念は、河合洋尚『景観人類学の課題』（二〇一三年）における「場」の概念、及び、岩田京子「コミュニケーションから創られる場所性」（二〇一六年）における「場所性」の概念と通じるものがある。岩田は、京都の嵐山を舞台として、景観保護運動が展開されていった過程を述べている。岩田によれば、立場の異なる複数の人々が、企業による開発計画をきっかけとして集まるようになり、嵐山をめぐる共通の「原風景」を形成したのだという。

＊＊＊中国・広州の事例について詳しくは、河合洋尚『景観人類学の課題』（二〇一三年）を参照。

ことは共通している。景観人類学の調査において重要かつ基礎となるのは、第一章で紹介した景観実践の人類学である。つまり、そこに住む人々と〈場所〉（＝〈内的景観〉）とのつながりをまず調査する。景観人類学は、一方で景観という非人間的な要素に注視するが、他方で人類学である限り人間を軽視することはできない。したがって、人類学の景観調査は、調査地の自然環境や人工環境を記録・マッピングするだけでなく、そこに住む人々にもインタビュー調査をおこなう。

景観人類学の調査の主体となるのは、アンケートなどの**量的調査**ではない。インタビューや観察を含める**質的調査**である。人類学者が求めるデータは、われわれ調査者が予測できる範囲の回答ではなく、予想すらしない現地の人々の記憶、価値観、世界観などだからである。さらに、現地の人々の価値観や世界観は、現地語でしか言い表せないこともある。したがって、現地の人々と信頼関係を築きあげながら、現地語を学ぶ姿勢が求められる。また、現地社会における人々の語りや知識は、当然のことながら同質的ではない。だから、人類学者は、調査地でより多くの人々と語ることが求められる。* それにより、自然とインタビューの数が増えていく。

景観をめぐるフィールドワークにおいて難しいのは、現地の人々自身が必ずしも景観をめぐる意味や、景観とのかかわりを明確に説明することができないことである。** 人間は感覚的に景観と接しているからである。いつも接している周囲の家屋や自然について何とも思っていなかったはずなのに、高層ビルが建つことではじめてその重要性に気づくという場合もある。このようなコミュニティー内部の多様性や感覚的な表現は、時間をかけて調査をおこなわないとしばしば理解できない。他方で、人類学の調査は、

*学問領域によっては、現地の知識人たちをラウンドテーブルに集め、短期間で効率よく「住民側の」見解を知ろうとすることがある。だが、それにより集められた声は、あくまで一部の知識人の表象にすぎないということを自覚しなければならない。人類学者・渡邊欣雄によると、現地社会には、現地の民俗や価値観を体系的に説明できる「全知」の人々、一部しかできない「部知」の人々、ほとんど説明できない「無知」の人々がいる。また、「全知」と異なる知識体系をもつ「偽知」の人々もいる（渡邊欣雄『民俗知識論の課題』を参照）。したがって、一部の知識人の声を地域社会全体の意見としてしまったら、リンチと同じ轍を踏むことになる。それゆえ、景観人類学は、現地の数名の知識人をラウンドテーブルに集めて議論をするだけで、内的景観を把握できるとは一般的に考えない。

**調査地に行っていきなり現地の人々に「あなたの重視する景観は何ですか」などと質問しても、まともな返事がかえってこないことが多い。それだからこそ、長期間の観察と聞き取りが必要なのである。

政府、企業、学者、芸術家、メディアなど多様なアクターが、文化（民族文化、地域文化など）の名のもとでつくりだす紋切型の景観にも配慮しなければならない。

　中国・広州でもこうした紋切型の景観がつくられるようになっている。歴史的に広州の住民のマジョリティは、広東語を話す漢族系の広府人である。第二章で述べたように、中国の人文・社会科学は中国の各民族集団に独自の文化があると想定し、それぞれの文化的特徴を描きだしてきた。広府文化もその例外ではない。一九九〇年代以降、学者たちは科学の権威のもと広府文化にまつわるイメージをつくりあげ、特に広府文化の特徴的な景観として、水郷景観、青レンガの壁、ステンドグラスの窓（現地名は満州窓）などを挙げるようになった。そのうえで、現地の歴史学者たちは史料を参考とし、広州の下町を流れる小川の土堤にライチの樹が植えられていたことを指摘した。他方で、地元政府は小川にライチの樹を植えはじめ、また開発業者は青レンガの壁やステンドグラスの窓を使った建造物を次々とつくった（写真28参照）。それにより、特に二一世紀に入ってから広州の景観が一変した。

　それに対する地域住民の反応はさまざまであった。一言で「広州人」と表してもその内部には、さまざまなルーツ、言語、身分をもつ人々が混在している。広州の下町にあるX社区***というコミュニティーだけでも、大きく分けて次の三つのグループがある。

①「村民」：X社区にもともとあった村落（以下、X村）で農業を営んでいた人々。現在は戸籍のうえで都市民（中国での呼称は「居民」）になっているが、共同で会社を建て、集団所有の土地を保持している。広東語を話す。

写真28　青レンガの壁やステンドグラスの満州窓は広府文化圏の景観イメージとして、今や広州白雲国際空港でも使われている（二〇一九年　撮影：河合洋尚）

***社区（しゃく）とはコミュニティーに相当する中国語であり、日本でいうと町内会に近い。ただし、中国の社区は住民の自治組織ではなく、戦前の日本の町内会のように政府の末端行政機関の管轄範囲である。

②「老居民」：一九四九年の中華人民共和国成立前から現地に住んでいた、「村民」以外の古い住民。農業以外の職業に従事し、かつてはステータスが高かったが、いまは土地を所有していない。広東語を話し、言語・習俗のうえで「村民」と差がない。

③「新居民」：一九七八年の改革開放政策*以降、特に一九九〇年代より移住してきた非広府系の移民。中国の各省から移住しており、X社区では公的に標準中国語**を使っている。食文化も異なる。貧しい出稼ぎ労働者から、裕福な商売人までさまざまである。

さらに注意すべきは、彼らの景観をめぐる反応は、「村民」「老居民」「新居民」というカテゴリー別でもはっきりと分けられないことである。ただし、もともとのルーツ、言語、習俗、身分、人脈が異なるため、「村民」は「村民」と一緒にいることが多く、一部の「旧居民」が形成したグループには「村民」や「新居民」は参入しない。日常のやりとりを通して、X社区の内外でいくつかのグループができ、それぞれが日常の対話を通して景観をめぐる共通の記憶や価値観を共有しはじめている

広府文化をイメージする紋切型の景観（外的景観）がつくられた後、彼らの反応は一様ではなかった。青レンガの壁やステンドグラスの窓をみて、それを正当な現地文化であるといち早く店舗のデザインにとりいれていったのは、例外なく「新居民」であった。対照的に「村民」と「旧居民」は、それらが一部の富裕層の邸宅で昔みられたデザインであり、自分たちとは関係のない景観であると考えた。「旧居民」の多くは、この外

＊中国は一九四九年の中華人民共和国成立後、社会主義を採択しているが、一九七八年一二月に市場経済を一部導入した。これを改革開放政策という。

＊＊標準中国語は、共通語としての中国語である。北京語と呼ばれることもあるが、正確には、標準語と北京語は異なる（標準日本語と東京弁が全く同じではないことを思い浮かべていただきたい）。中国には標準中国語の他、広東語、上海語、客家語など多様な「方言」があある。一般的に、これらの「方言」間、そして「方言」と標準中国語は、意思疎通を図ることが難しい。

的景観に違和感を覚えていた。そして、一部の「旧居民」は、石畳の小道が自分たちの記憶に残る景観であると主張しはじめた。彼らは、青レンガの壁やステンドグラスの窓をみて、逆に石畳の小道（写真29参照）で生活を営んできた記憶を想起し、それを隣人たちと語るようになったのである。繰り返すと、生活を営む人々と〈場所〉との関係は、五感を通してつながっている。特に一部の「新居民」たちが語る記憶のなかには、かつて石畳の小道を下駄で歩いた時の音なども含まれている。

興味深いことに、石畳の小道をめぐる記憶は、後に地元の政府やマスメディアにより注目を集め、広府文化を体現する新たな景観として、保護の対象となった。政府とつながりのある「旧居民」たちは、この機を生かして、石畳の小道にちなんだ各種のイベントを企画しはじめるようになった。彼らは、祝祭日になると、その小道を一緒に掃除する活動を展開している。だが、彼ら「旧居民」には一つの問題があった。「新居民」のなかには湖南省や四川省からの移民がおり、彼らは唐辛子をふんだんに使う辛い料理を好む。彼らが料理をすると辛い匂いが石畳の小道に蔓延するので、そこにはふさわしくないと考えている。特に辛い料理が苦手な高齢の「旧居民」たちは、湖南省や四川省からの移民が出て行くことを願っている。[***]だが、湖南省や四川省の移民にとって、石畳の小道に面した自宅はもはやかけがえのない〈場所〉になっている。

他方で、「村民」は、石畳の小道に関心を払っていない。彼らは、かつてX村のあった土地に住み、X村の出身者としてのアイデンティティを抱いている。だから、「村民」たちで自ら金を集めて修築したのは、石畳の小道ではなかった。彼らは、北帝廟（玄武の神が座す建物）を修築し、牌坊（村の門）を新たに立てることを選択した。北帝廟はX

写真29　広州の下町にある石畳の小道（二〇〇六年　撮影：河合洋尚）

***中国の料理は、地域や民族の違いに応じてかなりの多様性がある。一般的に、内陸の湖南料理や四川料理は、唐辛子や山椒をふんだんに使った辛い料理を主とする。しかし、沿海の広東料理は、相対的に甘味である。

村の「村民」としての精神的支柱であり、牌坊はX村の境界を示すランドマークだからである。「村民」は今でも毎年旧暦三月三日と旧暦五月五日に祭祀活動を催し、数百年のつきあいがある近郊の友好村落の村民を呼んでともに祝っている。また、「村民」は、北帝廟の前方にある大木を特別な景観とみなしている。彼らは、確かにX村にはかつてライチ樹の木があったが、すでに土壌が変わっていて植樹には適さないのだと話す。*それよりも、北帝廟の前にある「羅傘樹」という大木を、是が非でも守らなければならないと考えている。環境の変化に応じて、「村民」の景観をめぐる語りや実践は明らかに変化している。

X社区で長期間調査をして複数の人々の語りを集めると、特に「村民」の間で重視すべきと考えられている景観の姿がみえてくる。「村民」は、北帝廟と羅傘樹が都市開発によってなくならないか、常にひやひやしている。また、彼らは新たに立てた牌坊のデザインに満足していない。牌坊を設計・建設したのは、「村民」ではなく、政府とつながりがある外来のデザイナーであった。このデザイナーは青レンガの壁の色に合わせて牌坊を灰色に設計したが、「村民」が望んでいたのは、ベージュ色で龍の飾りがあるデザインであった（写真30参照）。他の友好村落がみな後者を採用していたので、同じデザインの牌坊を望んだのである。**

景観の相律（マルチ・フェイズ）論

このように、X社区において地域住民が重視する〈場所〉は異なっている。だから、景観の応用人類学は、住民の多様性と、それぞれの背後にある記憶、価値観、社会関

写真30　広州で見られるベージュ色で龍の飾りがある牌坊（二〇〇六年　撮影：河合洋尚）

*若い「村民」と旧移民はともにその川で溺れ死んだ人々の噂を言い合っており、小川の風水が悪くなっていると感じていた。

**X村の友好村落は全てこのデザインを採用していたため、「村民」も同様のものを望んでいた。友好村の人々が来るたびにX村の牌坊のデザインについて皮肉を言われるため、「村民」は恥ずかしい思いをしているのだという。

係に配慮しながら、景観問題の緩和に向けた提案をしなければならない。「村民」だけに注視するならば、人類学者はより良い景観に向けたいくつかの提案をなすことが可能である。第一は、「村民」にとっての精神的支柱である北帝廟を壊さず、羅傘樹を切り倒さないように注意することである。第二は、牌坊のデザインを友好村落のそれと合わせることである。今の「村民」は経済的に豊かであるから、許可さえおりれば自分たちで金を集めて改修工事をおこなうかもしれない。「村民」は、彼らにとって重要な景観さえ守られていれば、青レンガの壁などの新しい景観を受け入れる柔軟性をもっている。それゆえ、人類学者は、広府文化をイメージする外的景観をつくりつつ、「今を生きる」人びとの内的景観を保護する道を模索することでもできる。

このように内的景観と外的景観を併存させる動きを、**相律**（**multi-phase**）と呼ぶ。内的景観と外的景観をいかに相律させるかを模索することも、景観の応用人類学をめぐる一つの手法である。さらに、相律は、第一で述べた景観実践の人類学と、第二章で述べた景観問題の人類学をいかに組み合わせるかを念頭に置く概念でもある。[***] 双方を乖離させたままでなく、双方をともに考慮することで、応用の景観人類学へと発展させていく出発点になりうる。実際、最近の中国では、観光開発や文化遺産保護においていかに内的景観を重視するかという、応用人類学の議論が注目されはじめている。[****] そのなかで、内的景観と外的景観の相律を探求する研究も現れるようになった。例えば、中国南部・桂林市の龍勝棚田では近年、急速に観光化が進んでいる。そうしたなか、中国の研究者は、企業が観光開発をおこないながらも、村民にとって大切な〈場所〉を保護する可能性について模索しはじめている。[*****]

***河合洋尚「景観の競合と相律」（二〇一六年）参照。

****人類学者・劉正愛によると、最近の中国では景観人類学の「静かなブーム」が起きている。その中心人物の一人である葛栄玲は、「景観人類学的概念、範疇与意義」（二〇一四年 中国語）で景観人類学の視点や方法を紹介し、さらに応用研究としての可能性にも言及した。また、葛栄玲の『景観的生産』（二〇一四年　中国語）は、おそらく中国では初めての景観人類学をめぐる本格的な民族誌であり、特に村落観光と景観形成の影響関係に着目している。目下、観光と文化遺産保護は、中国の景観人類学における二大トピックである。中国では、景観人類学は、人類学だけにとどまらず、建築学、造園学などの他領域にも影響を及ぼしている。二〇一八年には、中国の著名な科学新聞『中国社会科学報』でも景観人類学の概要と動向が紹介された。

*****謝菲・偉世芸「少数民族特色村寨旅遊空間景観生産及其話語邏輯」（二〇一九年 中国語）を参照。

地域エリート、デザイナーへの着目

さらに注目に値するのは、外的景観でもあり内的景観でもある（もしくは両者のいずれかでもないような）景観をつくる主体として、地域エリートや景観デザイナーに注目する研究が増えていることである。言うまでもなく、外的景観と内的景観は時として完全に分けることができない。先ほどのX社区を例に挙げると、石畳の小道は、一部の「旧居民」が重視する内的景観であると同時に、すでに地元の政府やマスメディアが観光資源として用いる外的景観ともなっている。そして、石畳の小道を一方で守ろうとし他方で観光資源化してきた人々は、政府や企業に太いパイプをもつ地域エリートであった。地域エリートは住民でもあり政府・企業の関係者でもあるという身分を生かして、しばしば外的景観と内的景観の相律をおこなう不可欠な存在となりうる。

他方で、人類学者でありデザイナーでもある片桐保昭によると、デザイナーは、科学知に基づいて用途や機能面から設計するだけではない。デザイナーは、科学や文化ではとらえられない、「生きた」景観を、いかに設計するかに着目する。それゆえ、片桐は、科学的知見と住民の生活知の双方を架け橋しながら景観を設計する、デザイナーの活動そのものを研究している。*

二　景観の公共人類学

1　景観の応用人類学をめぐる諸問題

このように、景観の応用人類学は、日本と中国を中心に注目を集めはじめている。

*片桐保昭『名付けえぬ風景をめざして』（二〇一二年）および「創られゆくあいまいな風景」（二〇〇九年）を参照。片桐は、自身が手掛けた北海道の公園設計や東京のサウンドスケープ設計などを例に挙げ、デザイナーが、科学的知、生活知、諸々の物的な先行形態をみすえて、いかに「名付けえぬ」景観を設計するべきかを議論している。人類学の視点や方法から景観をどのように設計するのか、その具体的な実践に関心のある読者は、同書を一読していただきたい。ただし、片桐が述べる〈場所〉や〈空間〉などの概念は本書の定義とは異なっているため、読み進めるにあたり注意が必要である。

しかし、〈場所〉や内的景観をいかに保護するかについては、紙のうえで議論するのはたやすいが、実際に参与するとなると困難も少なくない。

第一に、ある環境をめぐり複数のグループが競合・対立するとき、どちらの肩を持てばよいのかという問題がある。先ほどの事例でみると、石畳の小道をめぐって「旧居民」と「新居民」が対立した時、人類学者はどちらの側に立てばいいのだろうか。前者に調査でお世話になったから後者を追い出す、という提案をすることはできないだろう。

第二に、景観人類学の調査は、あくまで一定期間以上のフィールドワークを基盤としている。異社会の内的景観を理解するためには、語学を修得し、現地の人々の生活世界に入り込んでいく必要がある。したがって、景観の応用人類学は時間がかかるうえに、その知識や手法を適用できる範囲が狭い。

第三に、地域住民は、彼らの景観問題に人類学者が介入することを望んでいるのかを問わねばならない。地域住民がそれを望んでいないにもかかわらず、人類学者が余分な口出しをすれば、それは研究者の自己満足にすぎなくなる。間違っても、研究者の「業績づくり」のために、人類学の知見を現地へ押しつけるべきではない。**

人類学者は、調査地における景観の競合の実態を記述し、それを解決する可能性について論文・書籍・報告書などで提言するまではできる。だが、人類学者が景観設計や景観保護に実際にどこまで関与していくかは、議論が分かれるところであろう。人類学は応用研究に従事すべきでないという立場もあるだろうし、あくまで紙のうえでの提案にとどめておくべきだという意見もあるだろう。学問的に中立であることを装うのをやめて、より応用実践に従事していくべきだ、という立場もあるかもしれない。

** こうした問題から、筆者自身、X社区における景観の競合の実態とその可能な解決法について記述したことがあるが、実際に現地で景観保護活動に参与したことはない。

これらは立場の違いであって、どれが正しくてどれが間違っているという問題ではない、と筆者は考える。ただし、それでは話が先に進まないので、最後に今後の展望として、公共人類学との対話可能性について考えてみることにしよう。

2 公共人類学との対話可能性を考える

公共人類学とは?

公共人類学（**public anthropology**）は、二〇世紀末にアメリカで提唱された新しい分野である。公共とは英語のパブリック（public）の直訳であり、日本語では民衆や市民団体の概念に近い。*この分野の提唱者であるロバート・ボロフスキー（Robert Borofsky）によれば、公共の関心の高い社会問題にとりくむことで、今日的なジレンマを緩和したり再構成したりすることを、公共人類学は目的としている。**一見してこの分野の関心は応用人類学と重なっている。だが、ボロフスキーらは公共人類学が応用人類学とは異なる分野であることを強調する。その主張によると、公共人類学はまず、現地の被調査者（公共）と調査者（人類学者）との関心が時としてズレている状況に着目する。例えば、前者が景観をめぐるトラブルについて悩んでいるのに、後者は人間と景観をめぐる哲学的思考に関心をよせるように、である。公共人類学はこうした状況を反省し、できるだけ公共の関心にそった研究をし、そこから人類学の可能性を拡げることを目的としている。

公共人類学の前提となるのは、インフォーマントが人類学者と協力することを望んでいるか否かである。公共人類学は、応用人類学のように、人類学の知識や方法を一方的に押しつける（現地に応用させる）ことはしない。端的に言えば、公共人類学は、現

*ただし、日本ではパブリック人類学ではなく、公共人類学と訳される傾向が強い。特に東アジアにおける震災・福祉などの活動では、民衆だけでなく公共セクターも提携の対象となることが理由であると考えられる。

**公共人類学については、山下晋司編『公共人類学』（二〇一四年）を参照。なお、民俗学でも菅豊らを中心に、近年「公共民俗学」が提唱されている。菅豊『「新しい野の学問」の時代へ』（二〇一三年）も参照のこと。

地の社会問題を解決するよう自ら「仕向ける」のではなく、公共の問題関心に「巻き込まれて」いく形をとる。*** 人類学者は現地のすべての人々の利害に沿うことはできないから、どの人々や団体機構と協働していくかを定める必要がある。だから、時と場合に応じてどの相手の要求に応じて、どのような問題をともに解決していくかを決め、可能なかぎり対等な立場で相談して物事を進めていくスタイルをとる。****

もっとも公共人類学とは何かについては、個々の研究者によって若干の解釈や実践のズレがあるだろう。そこで筆者は、景観人類学の文脈に焦点を絞り、二つの段階を想定することにしたい。第一は人類学者が自らの思考を公共に開く段階、第二は公共の要求に応答し協働していく段階である。

第一段階：オルターナティブな学術研究の範囲で公共に開く

第一の段階では、論文、書籍、報告書、展示などの手法で、調査対象の景観とその問題解決をめぐる自らの思考を表現する。それにより、自らの思考を公共に開き、「巻き込まれて」いく土台をつくる。

もちろん論文や専門書で景観問題の解決を提示しても、それを読む公共は一握りであろう。だが、われわれがどのような問題に関心をもっているかという、情報発信をすることはできる。また、人類学者は、景観問題の解決に直接はたらきかけるだけでなく、そこに住む人々が重視する景観のありかたを描き出すこともできる。人類学者による観光ガイドブックの作成は、そうした方策の一つかもしれない。粗暴な言いかたをすると、市販の観光ガイドブックは基本的に文化表象の「結晶」である。もちろん例外はあるが、

***もっとも応用人類学の全ての調査や研究が、人類学の一方的な都合で展開されてきたわけではないだろう。公共人類学と応用人類学を完全に切り離すことができるかは、さらなる議論が必要である。

****全体的に公共人類学は、地域社会などの枠組みを固定して組織的に参与するのではなく、研究者個人が特定の民衆や市民団体と共通の問題にとりくむ、という性質が強いように思われる。

大多数は有名な観光名所をとりあげ、観光客がイメージする広く知れわたった歴史や物語がそこに書かれている。だが、本書で繰り返し述べてきたように、個人や集団にとっての景観はさまざまである。市販のガイドブックで書かれる歴史や物語とは異なる切り口から、現地の人々が重視する「文化遺産」や各地の観光名所を記述することもできる。そのうえで、現地における内的景観の意味を解説し、観光客がどのように振舞うべきか（どこに立ち入ったらいけないか）を記述する。*

また、こうした多様な角度からの景観の記述・提示は、博物館展示にも適用可能かもしれない。博物館において国内外の文化遺産を紹介するにあたり、そこに住む人々がいかに多様な景観をみてかかわっているのかを、展示品やパネルで示すことができる。特に近年の人類学関係の博物館は、フォーラムとしての性質をますます強めている。**フォーラム型の博物館は、単にモノを建物のなかに集め・並べ・見せるだけでなく、公共に開き、さまざまな議論をかきたてる「対話の場」***とすることを目的としている。海外文化を展示の対象とする博物館は、将来的に各地の自然／文化遺産をめぐる写真パネルや映像などを公開し、議論を促す土台をつくりあげることができるかもしれない。それにより、景観をめぐる価値やまなざしは必ずしも画一的ではなく多様であり、その多様性を守る必然性を伝えることも有効であろう。展示を通して、現地の人々が重視する景観のありかたを訴えるという選択肢も考えられるかもしれない。

第二段階：人類学者が景観設計・景観問題に参与する

第一の段階はいずれも学術研究の範囲にとどまるものであり、景観設計、景観問題

*ただし、人類学者が現地の人々の内的景観を書くことで、それは観光を促進する新たな外的景観へと転換しうることに留意しなければならない。幾度となく指摘したが、人々と景観とのつながりは常に変化する。どの時点でどのような立場の人々に聞いた話であるのかという但し書きは必須となる。

**博物館は、「テンプル型」と「フォーラム型」とに分けられる。「テンプル型」の博物館は、収蔵品を建物内で厳かに展示することで、人々がそれをお寺のように拝みに来るスタイルをとる。それに対して、「フォーラム型」の博物館は、博物館という舞台（フォーラム）において人々がさまざまな意見を交換するスタイルである。近年の博物館は「テンプル型」から「フォーラム型」へと移行しつつある。詳しくは、吉田憲司『文化の発見』（一九九九年）を参照。

***桑山敬己『ネイティヴの人類学と民俗学』（二〇〇八年）はこれを「対話空間」と呼び、研究者とネイティヴの人々が対等な立場で対話できる場の構築を提唱している。

に直接的に関与するものではない。それに対して、第二の段階は、人類学者が実際に景観を設計したり、景観の保護運動に関与したりする。第二の段階には足を踏み入れないという選択もあるだろうし、第一の段階を飛ばして第二の段階から入ることもあるだろう。

第二の段階で最も初歩的な態度は、おそらく応答である。つまり、人類学者とつながりのある「公共」（しばしば調査対象である人々）が抱える景観問題を理解し、何かしらの助力を求められたとき、可能な範囲内で力になるというものである。とりわけ、国内外の調査地において住民主体の街づくり、村おこし、景観保護活動など＊＊＊＊がはじまった場合、人類学者は自らの立ち位置を問われることになる。人類学者が観光や開発にかんするコンサルタント的な位置づけに就くこともあるかもしれない。

デザイナーとしての資格をもつ人類学者ならば、景観設計に直接携わる機会は少なくないだろう。だが、そうでない人類学者も時として、現地の大学、研究所、政府などによる開発プロジェクトに参与を要請される可能性もある。このようなプロジェクトにおいて、人類学者は臨機応変に対応する必要がある。例えば、ある村落を都市開発するプロジェクトが施行されたとしよう。その場合、どの家屋を壊し、どの家屋を残していくべきであるのか、それぞれの使用状況や価値観をフィールドワークを通して調べることを提案できる。第二章でみた中国広東省の伝統家屋・囲龍屋のように、一見して破棄されていても、実は彼らの内的景観では神聖な〈場所〉である可能性も捨てきれない。他方で、現地では完全に廃棄されてしまった囲龍屋もあるだろうし、むしろ何の変哲もない平屋の家屋が保護すべき〈場所〉として浮上するかもしれない。＊＊＊＊＊

＊＊＊＊エコミュージアム（eco-museum）の建設もその一環としてかかわってくるかもしれない。エコミュージアムとは一九七一年にフランスで提唱された壁をもたない博物館のことである。村落など特定に区画を「博物館」として位置づけることで、有形・無形の文化財をそのまま現地の文脈から切り離すことなく、保存する。エコミュージアムで文化財を保護する主体は住民であり、いかに住民が専門家や行政と手を携えて自身の文化財を保護していくかが重要な課題となっている。なお、日本でも山形県朝日町をはじめ数多くのエコミュージアムがある。朝日町は「住民一人ひとりが学芸員」を標語としている。

＊＊＊＊＊前出の小田亮や岩田京子が指摘するように、個々人の経験や記憶が多様であることを認めつつ、人々が共通の景観像をつくりあげていく過程を見ることも重要である。小田は、神戸の震災復興を例に挙げ、壊滅的な被害を受けた長田区で、住民が自分たちで前と代わり映えのない商店街を復旧した事例を挙げている（小田亮「コモンとしての景観／単独性としての風景」を参照）。こうした草の根の「内発的な」景観運動を人類学の視点から研究し、求められれば参与型のフィールドワークを実施していくことも、公共の景観人類学における新たな方向性の一つになるかもしれない。

一人の人類学者が調査できる範囲は限られているが、景観人類学の視点と方法を共有する複数の調査者と公共の人々が協働すれば、そうした問題はいくぶんか緩和されるだろう。もちろん現地の人々はしばしば景観をめぐり競合している。利害の異なる集団がつくりあげる複数の景観を、人類学者がうまく相律させることができるかは、時と状況はもちろんのこと、人類学者の学問を超えた能力（例えば人間関係や政治的な処理能力）にかかってくる。言うまでもないが、公共人類学の第二段階への介入もそれほど容易ではない。

最後に筆者は、人類学者（研究者）と非研究者の垣根をできる限り崩していくことにこそ、公共人類学の意義があると考えている。景観人類学の視点や方法論を使うのは、人類学者や他分野の研究者だけでなくてもよい。応用科学としての景観人類学は、端緒に着いたばかりである。景観の応用人類学や公共人類学をいかに進めていくかについては、未知な部分が多い。ただし、個人や集団にとっての景観が異なることを意識し、それを尊重していくことは、誰にでもできる。そうした一つ一つの小さな積み重ねが、もしかしたら応用科学としての景観人類学にとって最も重要な実践なのかもしれない。

参考文献

綾部真雄編　二〇一七　『私と世界――六つのテーマと一二の視点』（第六版）メディア総合研究所
アルヴァックス、モーリス　二〇〇六　『集合的記憶』（第三版）小関藤一郎訳、行路社
飯田卓編　二〇一七　『文明史のなかの文化遺産』臨川書店
飯高伸五　二〇一九　「道の交差と記憶の相克」『アイランドスケープ・ヒストリーズ』山口徹編、風響社、一二七―一五四頁
飯島典子・河合洋尚・小林宏至　二〇一九　『客家――歴史・文化・イメージ』現代書館
池谷和信　二〇〇三　『地球環境問題の人類学――自然資源へのヒューマンインパクト』世界思想社
石村　智　二〇一六　「リビングヘリテージとしての景観」『景観人類学』河合洋尚編、時潮社、二四九―二七〇頁
岩田京子　二〇一六　「コミュニケーションから創られる場所性」『景観人類学』河合洋尚編、時潮社、一六七―一九四頁
インゴルド、ティム　二〇一四　『ラインズ――線の文化史』工藤晋訳、左右社
大西秀之　二〇一六　「文化財ポリティクスとしての景観価値」『景観人類学』河合洋尚編、時潮社、二七一―三〇〇頁
――　二〇一八　「景観に刻まれたソビエト体制の展開と崩壊」『年報人類学研究』八：一―三八頁
オジェ、マルク　二〇〇二　『同時代世界の人類学』森山工訳、藤原書店
――　二〇一七　『非―場所――スーパーモダニティの人類学に向けて』中川真知子訳、水声社
小田　亮　二〇一八　「コモンとしての景観／単独性としての風景」『人文学報』五一四（二）：一―二三頁
片桐保昭　二〇〇九　「創られゆくあいまいな風景」『形の文化研究』五：一―一四
――　二〇一三　『名付けえぬ風景をめざして――ランドスケープデザインの文化人類学』北海道大学出版会
河合利光　二〇〇一　『身体と形象――ミクロネシア伝承世界の民族誌的研究』風響社
河合洋尚　二〇〇二　「沖縄久米島の陽宅『風水』」『民俗文化研究』三：三〇―五〇頁
――　二〇〇四　「場所創出の重層性」『民俗文化研究』五：九三―一一一頁
――　二〇一三　『景観人類学の課題――中国広州における都市環境の表象と再生』風響社
――　二〇一六　「景観の競合と相律」『文化人類学』八一（一）：二六―四三頁
河合洋尚編　二〇一六　『景観人類学――身体・政治・マテリアリティ』時潮社
木岡伸夫　二〇〇七　『風景の論理――沈黙から語りへ』世界思想社

岸上伸啓編　二〇一八　『はじめて学ぶ文化人類学――人物・古典・名著からの誘い』ミネルヴァ書房
ギブソン、ジェームス　一九八六　『生態学的視覚論――ヒトの知覚世界を探る』古崎敬訳、サイエンス社
桑山敬己　二〇〇八　『ネイティヴの人類学と民俗学――知の世界システムと日本』弘文堂
桑山敬己・綾部真雄編　二〇一八　『詳論 文化人類学――基本と最新のトピックを深く学ぶ』ミネルヴァ書房
桑山敬己・島村恭則・鈴木慎一郎 二〇一九 『文化人類学と現代民俗学』風響社
クリフォード、ジェイムズ&ジョージ・マーカス編　一九九六　『文化を書く』春日直樹ほか訳、紀伊国屋書店
ゲルナー、アーネスト　二〇〇〇　『民族とナショナリズム』加藤節訳、岩波書店
後藤正憲　二〇一六　「モノと場所の領域化」『北方人文研究』九：三九―五七頁
コスグローブ、デニス&ステファン・ダニエルス編　二〇〇一　『風景の図像学』千田稔・内田忠賢監訳、地人書房
小西公大　二〇一六　「景観と開発のあわいに生きる」『景観人類学』河合洋尚編、時潮社、二二七―二四八頁
小林宏至　二〇一二　「福建土楼からみる客家文化の再創生」『客家の創生と再創生』瀬川昌久・飯島典子編、風響社、一〇三―一三三頁
小林　誠　二〇一六　「地図と景観の現在」『景観人類学』河合洋尚編、時潮社、三〇一―三二七頁
――　二〇一九　「『陸』の景観史」『アイランドスケープ・ヒストリーズ』山口徹編、風響社、二九三―三一〇頁
コーン、エドゥアルド　二〇一六　『森は考える――人間的なるものを超えた人類学』奥野克巳ほか訳、亜紀書房
佐々木正人　二〇〇八　『アフォーダンス入門――知性はどこに生まれるか』講談社
佐藤浩司編　一九九八　『シリーズ建築人類学』全四巻、学芸出版社
里見龍樹　二〇一六　「『問題』としての景観」『景観人類学』河合洋尚編、時潮社、一一七―一四三頁
下田健太郎　二〇一九　「成長する景観」『アイランドスケープ・ヒストリーズ』山口徹編、風響社、一五五―一八六頁
シャーマ、サイモン　二〇〇五　『風景と記憶』高山宏・栂正行訳、河出書房新社
菅　豊　二〇一三　『「新しい野の学問」の時代へ――知識生産と社会実践をつなぐために』岩波書店
鈴木正崇　二〇一九　「儀礼と観光のはざまの景観史」『アイランドスケープ・ヒストリーズ』山口徹編、風響社、一八七―二七六頁
ストラザーン、アンドリュー&パメラ・スチュワート　二〇〇九　『医療人類学――基本と実践』成田弘成訳、古今書院
孫　潔　二〇一九　「雲南省元陽棚田地域における景観とその資源化」『資源化される「歴史」』長谷川清・河合洋尚編、風響社、三八九―四一六頁
棚橋　訓　二〇一九　「実践が村空間を紡ぐ」『アイランドスケープ・ヒストリーズ』山口徹編、風響社、三一一―三三二頁
ツィン、アナ・ローウェンホープト　二〇一七　「根こそぎにされたランドスケープ（と、キノコ採集という穏やかな手仕事）」藤田周訳、『現代思想　総特集・人類学の時代』四五（四）：一一八―一五〇

辻本香子　二〇一六「都市のサウンドスケープと芸能の音」『景観人類学』河合洋尚編、時潮社、八七—一一六頁
椿原敦子　二〇一六「移民と／移民の景観」『景観人類学』河合洋尚編、時潮社、三九—六六頁
寺村裕史　二〇一四『景観考古学の方法と実践』同成社
土井清美　二〇一五『途上と目的地——スペイン・サンティアゴ徒歩巡礼路・旅の民族誌』春風社
——　二〇一六「徒歩者の景観」『景観人類学』河合洋尚編、時潮社、六七—八六頁
鳥越皓之編　一九九九『景観の創造——民俗学からのアプローチ』昭和堂
中生勝美　二〇〇〇『植民地人類学の展望』風響社
聶莉莉・韓敏・曽士才・西澤治彦編　二〇〇〇『大地は生きている——中国風水の思想と実践』てらいんく
長谷川清・河合洋尚編　二〇一九『資源化される「歴史」——中国南部諸民族の分析から』風響社
深山直子　二〇一九「陸に上がったサンゴ」『アイランドスケープ・ヒストリーズ』山口徹編、風響社、八三—一〇四頁
フリーマン、デレク　一九九五『マーガレット・ミードとサモア』木村洋二訳、みすず書房
辺　清音　二〇一八「都市空間におけるチャイナタウンの再開発」『華僑華人研究』一五：七—二五
前川啓治・箭内匡・深川宏樹・浜田明範・里見龍樹・木村周平・根本達・三浦敦　二〇一八『二一世紀の文化人類学』新曜社
マーカス、ジョージ&マイケル・フィッシャー編　一九八九『文化批判としての人類学』永渕康之訳、紀伊国屋書店
マッシー、ドリーン　二〇一四『空間のために』森正人・伊澤高志訳、月曜社
松井一博　二〇〇六「アイヌ民族の権利と国際環境政策の展開」『国際公共政策研究』一一（一）：二三五—二五四
宮岡伯人　一九九六『言語人類学を学ぶ人のために』世界思想社
ラオス地域人類学研究所編　二〇〇七『ラオス南部——文化的景観と記憶の探求』雄山閣
ラポポート、アモス　一九八七『住まいと文化』大岳幸彦・佐々木史郎・山本正三訳、大明堂
リンチ、ケヴィン　一九六八『都市のイメージ』丹下健三・富田玲子訳、岩波書店
ルフェーヴル、アンリ　二〇〇〇『空間の生産』斉藤日出治訳、青木書店
安田　慎　二〇一六「セルフィーが生み出す景観」『景観人類学』河合洋尚編、時潮社、一四七—一六六頁
柳田国男　一九九〇『柳田国男全集　第七巻』ちくま文庫
山岸　健　一九九三『風景とはなにか——都市・人間・日常的世界』日本放送出版協会
山口徹編　二〇一九『アイランドスケープ・ヒストリーズ——島景観が架橋する歴史生態学と歴史人類学』風響社
山下晋司編　二〇一四『公共人類学』東京大学出版会
吉田憲司　二〇一四『文化の「発見」——驚異の部屋からヴァーチャル・ミュージアムまで』岩波書店

ワグナー、ロイ 二〇〇〇 『文化のインベンション』山崎美恵・谷口佳子訳、玉川大学出版部

渡邊欣雄 一九九〇 『民俗知識論の課題——沖縄の知識人類学』凱風社
—— 一九九四 『風水——気の景観地理学』人文書院
—— 二〇〇一 『風水の社会人類学』風響社

Árnason, Arnar, Nicolas Ellison, Jo Vergunst and Andrew Whitehouse (eds.) 2012 *Landscapes beyond Land Routes, Aesthetics, Narratives.* New York: Berghahn Books.

Bender, Barbara 1992 Theorizing Landscapes, and the Prehistoric Landscapes of Stonehenge. *Man* 17:735-755.

Bender, Barbara (ed.) 1993 *Landscape: Politics and Perspectives.* Oxford: Berg.

Bender, Barbara and M. Winner (eds.) 2001 *Contested Landscapes: Movement, Exile and Place.* Oxford and New York: Berg.

Crumley, Carole L. 1994 *Historical Ecology: Cultural Knowledge and Changing Landscapes.* Washington: School of American Research Press.

Descola, Pilllpe, and Gísli Pálsson 1996 *Nature and Society: Anthropological Perspectives.* London: Routledge.

Feld, Steven, and K. H. Basso (eds.) 1996 *Senses of Place.* Santa Fe, New Mexico: School of American Research Press.

Ferrero, Sylvia 2002 Comida Sin Par. Consumption of Mexican Food in Los Angeles: "Foodscapes" in a Transnational Consumer Society. In W. Belasco and P. Scranton (eds.) *Food Nations.* New York: Routledge.

Flint, Kate and Howard Morphy (eds.) 2001 *Culture, Landscape and Environment.* Oxford: Oxford University Press.

Gupta, Akhil, and James Ferguson (eds.) 1997 *Culture, Power, Place: Explorations in Critical Anthropology.* Durham and London: Duke University Press.

Hinkson, Melinda, 2017 Precarious Placemaking. *Annual Review of Anthropology* 46: 49-64.

Hirsch, Eric, and M. O'Hanlon (eds.) 1995 *The Anthropology of Landscape: Perspectives on Place and Space.* Oxford: Clarendon Press.

Hirsch, Eric, and Charles Stewart 2005 Introduction: Ethnographies of Historicity. *History and Anthropology* 16(3): 261-274.

Ingold, Tim 2011 *Being Alive: Essays on Movement, Knowledge and Description.* London: Routledge.

Ingold, Tim, and Jo Vergunst (eds.) 2008 *Ways of Walking.* London: Ashgate.

James, Allison, Jenny Hockey and Andrew Dawson (eds.) 1997 *After Writing Culture: Epistemology and Praxis in Contemporary Anthropology.* London and New York: Routledge.

Janowski, Monica 2007 *Kinship and Food in South East Asia.* Nordic Institute of Asian Studies.

Janowski, Monica, and Tim Ingold (eds.) 2012 *Imagining Landscapes: Past, Present and Future.* London and New York: Routledge.

Laviolette, Patrick 2011 *The Landscaping of Metaphor and Cultural Identity: Topographies of a Cornish Pastiche.* Frankfurt am Main: Peter Lang.

Little, Paul E. 1999 Environments and Environmentalisms in Anthropological Research: Facing a New Millennium. *Annual Review of Anthropology* 28: 253-284.
Low, Setha M. (ed.) 1999 *Theorizing the City: The New Urban Anthropology Reader*. New Brunswick, New Jersey, and London: Rutgers University Press.
Low, Setha M., and Denis Lawrence (eds.) 2003 *Anthropology of Space and Place: Locating Culture*. Oxford: Blackwell.
Lawrence, D. L., and S. M. Low 1990 The Built Environment and Spatial Form. *Annual Review of Anthropology* 19: 453-505.
Papagaroufali, Eleni 2005 Town Twinning in Greece. *History and Anthropology* 16(3): 335-347.
Rotenberg, Robert 1995 *Landscape and Power in Metropolitan Vienna*. Baltimore: Johns Hopkins Press.
Strang, Veronica 1997 *Uncommon Ground: Cultural Landscape and Environmental Values*. Oxford: Berg.
Stewart, Pamela. J., and Andrew Strathern 2005 Cosmology, Resources and Landscape: Agencies of the Dead and the Living in Duna, Papua New Guinea. *Ethnology* 44 (1): 35-47.
Stewart, Pamela. J., and Andrew Strathern (eds.) 2003 *Landscape, Memory and History*. London: Pluto Press.
Tilley, Christopher 1994 *A Phenomenology of Landscape: Places, Paths and Monuments*. Oxford: Berg.
Tilley, Christopher, and Kate Cameron-Daum 2017 *An Anthropology of Landscape: The Extraordinary in the Ordinary*. London: UCL Press.
Ucko, Peter. J., and Robert Layton (eds.) 1999 *The Archaeology and Anthropology of Landscape*. London: Routledge.

陳　昭　二〇一七　「景観人類学研究概覧」『景観設計学』五（二）：八—一三［中国語・英語］
葛栄玲　二〇一四　『景観的生産——一個西南屯堡村落旅遊開発的十年』北京：北京大学出版社
——　二〇一四　「景観人類学的概念、範疇与意義」『国外社会科学』二〇一四年四期：一〇八—一一七頁
——　二〇一六　『東南地区的村寨景観——歴史・想像与実践』厦門：厦門大学出版社
葛栄玲・彭兆栄　二〇一四　「景観」『民族芸術』二〇一四年四期：二八—三三頁
河合洋尚　二〇一三　「客家建築与文化遺産保護——景観人類学視野」『学術研究』三四一：五五—六〇頁
——　二〇一五　「景観人類学的動向和視野」『広西民族大学学報（哲学社会科学版）』周星訳、三七（四）：四四—五九頁
劉正愛　二〇一九　「浅談日本人類学在中国大陸的影響」『西北民族研究』一四九—一六二頁
夏遠鳴・河合洋尚編　二〇一五　『全球化背景下客家文化景観的創造——環南中国海的個案』広州：暨南大学出版社
謝菲・偉世芸　二〇一九　「少数民族特色村寨旅遊空間景観生産及其話語邏輯」『中南民族大学学報』三九（四）：四八—五三頁

著者紹介

河合洋尚（かわい　ひろなお）

1977年、神奈川県生まれ。

2009年、東京都立大学大学院社会科学研究科博士課程修了。

現在、国立民族学博物館グローバル現象研究部・総合研究大学院大学文化科学研究科准教授。博士（社会人類学）。

主な業績：

『景観人類学の課題――中国広州における都市景観の表象と再生』（風響社、2013年）、『日本客家研究的視角与方法――百年的軌跡』（社会科学文献出版社、2013年、編著）、『全球化背景下客家文化景観的創造――環南中国海的個案』（暨南大学出版社、2015年、共編著）、『景観人類学――身体・政治・マテリアリティ』（時潮社、2016年、編著）、『Family, Ethnicity and State in Chinese Culture under the Impact of Globalization』（Bridge 21 Publications, 2017, 共編著）、『フィールドワーク――中国という現場、人類学という実践』（風響社、2017年、共編著）『客家――歴史・文化・イメージ』（現代書館、2019年、共著）、『〈客家空間〉の生産――梅県における「原郷」創出の民族誌』（風響社、2020年）ほか。

景観人類学入門

2020年7月10日　印刷
2020年7月20日　発行

著　者　河合　洋尚

発行者　石井　雅
発行所　株式会社　風響社

東京都北区田端4-14-9（〒114-0014）
Tel 03（3828）9249　振替 00110-0-553554
印刷　モリモト印刷

ISBN978-4-89489-281-1　C0039